LO MEJOR DE TI

CLAUDIA
OSBORNE

LO MEJOR DE TI

El arte de conocerse
y cuidarse a uno mismo
para ser feliz

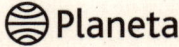

No se permite la reproducción total o parcial de este libro, ni su incorporación a un sistema informático, ni su transmisión en cualquier forma o por cualquier medio, sea este electrónico, mecánico, por fotocopia, por grabación u otros métodos, sin el permiso previo y por escrito del editor. La infracción de los derechos mencionados puede ser constitutiva de delito contra la propiedad intelectual (art. 270 y siguientes del Código Penal)
Diríjase a Cedro (Centro Español de Derechos Reprográficos) si necesita fotocopiar o escanear algún fragmento de esta obra. Puede contactar con Cedro a través de la web www.conlicencia.com o por teléfono en el 91 702 19 70 / 93 272 04 47

© Claudia Micaela Ortiz Domecq, 2020
© Editorial Planeta, S. A., 2020
   Av. Diagonal, 662-664, 08034 Barcelona
   www.editorial.planeta.es
   www.planetadelibros.com

Diseño de maquetación y gráficos: © Diego Carrillo

Primera edición: octubre de 2020
Cuarta impresión: noviembre de 2020
Depósito legal: B. 13.496-2020
ISBN: 978-84-08-23321-3
Preimpresión: J. A. Diseño Editorial, S. L.
Impresión: Romanyà Valls
Printed in Spain – Impreso en España

El papel utilizado para la impresión de este libro está calificado como **papel ecológico** y procede de bosques gestionados de manera **sostenible**

A las tres mujeres de mi vida:
Alejandra, Eugenia y Ana Cristina.
Gracias por ser mi fuente de inspiración.

Índice

Gracias por empezar este camino, 15
Un poquito de mí, 19

PRIMERA PARTE
LA AVENTURA DE AUTOCONOCERTE, 23

1. **El vaivén de las emociones, 27**
   ¿Para qué sirven tus emociones?, 27
   Sentimiento y emoción, dos caras de la misma moneda, 29
   ¿Cómo puedes gestionar tus emociones?, 31

2. **La coraza de la mente, 45**
   La lucha entre juicios y hechos, 45
   Creencias que te encadenan, 47
   La ley del espejo, el arte de verse en el otro, 52

3. **El niño que aún vive en ti, 63**
   El niño interior y tú, un tándem inseparable, 63
   Conectar con las heridas de tu niñez, 65
   Cómo cuidar a tu niño interior, 83

SEGUNDA PARTE
EL CAMINO DE LA TRANSFORMACIÓN, 89

4. **Perdónate y perdónales, 93**
    El dolor que heredamos, 93
    Perdonar a tus padres para liberarte, 95

5. **Descubre tu auténtico yo, 101**
    Alinear tus tres yos, 101
    Lo que las relaciones tóxicas dicen de ti, 103
    Perderte y encontrarte una y mil veces, 106
    La llamada del cambio, 107

6. **Sortear los obstáculos de tu evolución, 111**
    La lucha entre mente y corazón, 111
    Las limitaciones de la razón, 117

TERCERA PARTE
DISFRUTA CUIDANDO DE TI, 127

7. **El poder de tu energía, 131**
    Háblate bonito, 131

Tu yo crítico y tu yo criticado, 132
Cambiar tu diálogo interno, 143
Conectar contigo a diario, 152
Elegir la práctica que mejor encaje contigo, 153
Convertirla en un hábito, 154

8. **Tu relación con los demás, 157**
Quién eres y quién quieres ser, 157
Aprende a comunicarte, 168

9. **La danza entre la vida y tú, 173**
Ser víctima o ser responsable, 173
Las cuatro claves para vivir de manera responsable, 177
Proactividad, 177
Aceptación, 178
Gratitud, 179
Confianza, 180

Agradecimientos, 185
Bibliografía, 187

Gracias por empezar este camino

Antes de que empieces a recorrer estas páginas, me gustaría darte la enhorabuena por el momento que estás viviendo. Si este libro te ha encontrado es porque estás en el camino del crecimiento personal y **te has dicho SÍ a ti mismo.** Quizá alguien ha sabido reconocer que estás en este camino —o bien ha notado tu necesidad de comenzar a transitarlo— y te lo ha hecho llegar. Sea cual sea el motivo por el que tus manos sostienen ahora este libro, quiero que sepas que te siento.

Sé que no ha sido fácil recorrer esta senda y que, seguramente, todavía sigue siendo duro. Sé que te has podido sentir confundido, hasta perdido. Sé que, ante ti, se está abriendo un mundo de posibilidades sobre lo que debería ser y no es, o sobre lo que podría ser y nunca has considerado que sea. Sé que este aluvión de ideas y de pensamientos te están impulsando a emprender un viaje completamente nuevo y que, en ocasiones, da miedo.

A este camino algunos lo llaman *despertar,* y es doloroso, casi como una pérdida porque, efectivamente, lo es. Se trata de un viaje en el que pierdes partes de ti que te resultan muy familiares y recuperas otras que habías olvidado. Por eso, porque sé que el camino es largo y duro, he escrito este libro. Para que esta aventura de autoconocimiento sea más sencilla y para que lleves en tu maleta las herramientas necesarias para deshacerte de lo que ya no sirve y encontrar lo que te llena.

Este libro te acompañará en un viaje único a lo más profundo de ti. En esta travesía conocerás tus luces y tus sombras, descubrirás cómo funcionas y encontrarás todas las respuestas a tus preguntas. A medida que vayas desgranando sus páginas aprenderás a liberarte de tu condicionamiento interno y a alinear tu cuerpo, tu mente y tu corazón para que aflore tu yo auténtico. También harás otros hallazgos importantes: averiguarás cómo cuidar de ti de la forma que necesitas y a sostener la sensación de paz interna.

¿Y cómo vas a aprender todo eso? Como si se tratara de un proceso de *coaching* real. Por eso, este no es solo un libro para leerlo: también es para vivirlo, para experimentarlo. Así, iré intercalando explicaciones que te ayuden a comprenderte mejor; vivencias propias y de testimonios que he tenido la oportunidad de conocer; meditaciones guiadas por mí que podrás escuchar en Soundcloud y ejercicios de *journaling* (escribir un diario personal) que podrás hacer en el propio libro.

Tanto las meditaciones como los ejercicios son herramientas perfectas e indispensables para autoconocerse y elevar la consciencia. Meditar y escribir lo que notamos en nuestro interior estimula nuestra capacidad metacognitiva, es decir, nos hace capaces de observar nuestros pensamientos y nuestras emociones desde fuera, como si nuestro cuerpo se convirtiese en una nave y, por primera vez, estuviésemos al mando, pilotando hacia donde nosotros hemos decidido. Ya no eres la nave que transita un recorrido establecido, eres el capitán que dirige la nave.

Es importante que sepas que estos ejercicios y estas meditaciones están pensadas especialmente para interiorizar aspectos importantes de cada capítulo y para conectar con partes de tu ser a las que no podrías acceder a partir de meras explicaciones teóricas. Por este motivo, gran parte del aprendizaje y de la transformación que te brinda este libro reside en la experiencia práctica.

Mi deseo es que, con todas estas enseñanzas, descubras lo mejor de ti y brilles con más luz que nunca.

Un poquito de mí

Hace exactamente tres años estaba en Nueva York a punto de embarcar en un avión con destino a Madrid. Mientras mis ojos se perdían entre el ajetreo de la terminal, no podía dejar de pensar en que no había marcha atrás: la decisión ya estaba tomada. Había vivido dos meses muy duros dándole vueltas a la idea de dejar mi vida en la Gran Manzana y emprender mi camino de regreso a casa. Adiós a mi hogar, a mi trabajo, a mis amigos y al entonces amor de mi vida.

Aunque mi vida neoyorquina tal vez no fuera la que necesitaba en aquel momento, era difícil dejarla atrás porque había puesto todo mi corazón en ella. Pero, pese al nudo en mi garganta, ahí estaba yo, en el aeropuerto John F. Kennedy, con veintiocho años, a diez grados y con un sombrero de paja en la cabeza que no había conseguido meter en las cuatro maletas que llevaba encima. Los últimos tres años de mi vida cabían en cuatro maletas: todas mis pertenencias, mis vivencias, mis recuerdos... Rota, con los ojos hinchados y sin saber muy bien por qué estaba haciendo algo que dolía tanto recordé algo que había anotado en mi cuaderno tiempo atrás: «A veces, aunque no queramos, hay que dejar atrás un lugar conocido..., marcharnos para no abandonarnos a nosotros mismos». Aquella frase tan lúcida me calmó.

Pese a que en aquel momento no estaba preparada todavía para entender por qué me iba, el universo, que tiene esas maravillosas maneras de mandar señales de que estás donde tienes que estar, hizo algo que me dio la esperanza que necesitaba.

En el mostrador de la aerolínea atendía un azafato de unos cincuenta años. Tenía el pelo canoso y la sonrisa más amable que había visto nunca. Con una expresión de lo más prudente y, a la vez, preocupada me preguntó qué me pasaba. Fue entonces cuando perdí la poca entereza que me quedaba y me desplomé encima del mostrador dispuesta a contarle todo mi drama. Él me escuchaba atentamente y me regalaba palabras de consuelo una y otra vez hasta que consiguió tranquilizarme.

De repente, alguien me tocó el hombro. No reconocía su cara, pero enseguida advertí que iba vestido con el uniforme de piloto. «¡Claudia! ¿Vuelas con nosotros? ¡Qué alegría conocerte en persona!, ¿cómo estás?», me dijo. No entendía por qué me hablaba con tanta cercanía cuando no lo conocía de nada, pero me pareció otra persona amabilísima y muy sonriente. De nuevo, el universo me enviaba otra presencia reconfortante.

Estaba segura de que el piloto se daría cuenta de que no estaba bien, sobre todo, por la pinta que debía tener después de la llorera con el azafato, pero me inspiraba tal confianza que no me importó mostrar mi vulnerabilidad ante un desconocido y ponerme a hablar con él hasta que se despidió de mí con un intrigante «nos vemos ahora».

Poco más tarde, ya sentada en el asiento del avión donde pasaría las próximas ocho horas, una azafata se acercó a mí y me dijo: «Señorita Claudia, ¿me puede acompañar?». Algo extrañada, obedecí y la seguí por el pasillo hasta que, para mi sorpresa, me invitó a entrar en la cabina del piloto. Mi nuevo amigo resolvió las dudas que surcaban mi mirada de asombro: «He pensado que te haría ilusión ver cómo despegamos. De noche, Manhattan se ve impresionante desde el cielo». Con una mezcla de sorpresa y pena, me senté en silencio y me limité a observar las vistas que se desplegaban majestuosas frente a mí. Sí, mi amigo el piloto tenía razón: desde esa perspectiva, Nueva York era sobrecogedora. Nunca olvidaré ese gesto de generosidad. Para mí, aquel paisaje nocturno se convirtió en la despedida perfecta de la ciudad que, hasta aquel entonces, había sido mi hogar.

La llegada a España fue un poco caótica y tardé unos meses en decidir cuál sería mi siguiente paso. A nivel profesional, había dejado mi empresa en Estados Unidos y, hasta que mi brújula interior no decidiera adónde ir, me mantenía haciendo colaboraciones como imagen de marca. Por otro lado, no tenía casa. Vivía a caballo entre la casa de mi hermana Eugenia y la casa de mi mejor amiga. Sabía que tenía que rehacer mi vida, pero no sabía por dónde empezar.

Una vez más, el universo hizo de las suyas y coincidí con un amigo que hacía años que no veía. Mientras nos contábamos las mil y una cosas que habían sucedido en todo aquel tiempo, me comentó que estaba terminando la formación de coaching*. Hasta ese momento, yo no sabía mucho de* coaching*, pero me pareció muy interesante, sobre todo cuando me dijo que se trabajaban muchísimas cosas personales.*

Fue entonces cuando pensé: «¡Wow, justo lo que necesito ahora mismo, entender por qué estoy aquí!». De pronto, sentí que encontraba una pieza que llevaba mucho tiempo buscando. Movida por la intuición de que me esperaba algo bueno, empecé a buscar información y me apunté a una escuela que me gustó. Ese fue el primer paso de mi viaje de autoconocimiento, de entendimiento, de perdón y de transformación. Así descubrí que la decisión rompedora de volver a España no la había tomado guiada por el miedo, tal y como pensaba, sino por el amor hacia mí misma, un amor que, en aquellos momentos, sentía muy ajeno a mí.

Gracias a aquel descubrimiento volví a conectar conmigo, a conocerme, a aceptarme y, en definitiva, a amarme. Ahora siento que es momento de compartir lo que he aprendido y, por eso, con este libro te quiero regalar las claves para que inicies un camino hacia dentro y halles todo el amor hacia ti mismo que habita en ti.

PRIMERA PARTE

La aventura de autoconocerte

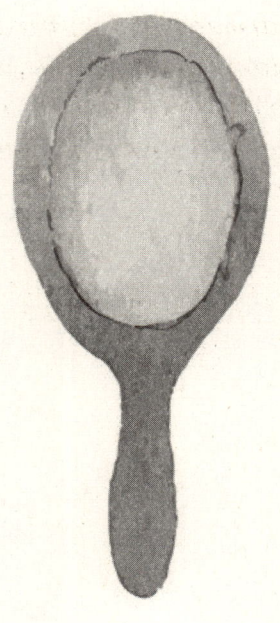

Estamos muy acostumbrados a mirar hacia el exterior, hacia la gran cantidad de estímulos que hay fuera. Sin embargo, cuando se trata de mirar hacia lo que sucede dentro de nosotros, muchas veces ni siquiera sabemos por dónde empezar. Gracias a mi experiencia, he descubierto la importancia crucial del autoconocimiento. Esto es algo bien sabido e incluso el brillante Shakespeare ya afirmó hace siglos que **«de todos los conocimientos posibles, el más sabio y útil es conocerse a sí mismo».** Yo estoy de acuerdo con él, pues, como veremos, el autoconocimiento dirige la mirada hacia uno mismo para ver lo que hay en lugar de lo que queremos que haya.

A lo largo de nuestra vida, inevitablemente, entramos en contacto con las distintas facetas de nuestro ser. No obstante, nos empeñamos en ocultar aquellas caras que no nos gustan demasiado y en exagerar aquellas que sí. Incluso, en ocasiones, adoptamos facetas nuevas ajenas a nosotros para agradar a los demás. Esto tiene una explicación biológica: estamos diseñados para vivir en sociedad porque, de este modo, aumentan nuestras posibilidades de sobrevivir en el entorno. ¿Y qué necesitamos para vivir en sociedad? Que nos acepten. Esta es la razón por la que estamos dispuestos a hacer todo lo posible para encajar, incluso cambiar nuestra forma de ser.

La corriente sanadora del autoconocimiento llega para que nos demos cuenta de que cuando nos conocemos en profundidad y aprendemos a gestionar nuestras luces y nuestras sombras, nos volvemos más eficaces. Cuando conocemos con detalle todos los recovecos de nuestro ser, aflora nuestra versión más auténtica, somos más felices y más beneficiosos para nuestra sociedad.

Por eso, para que te empieces a familiarizar con tu voz interior, te invito a que te detengas un momento y practiques esta primera meditación. Verás que, durante unos minutos, sentirás todo lo que está ocurriendo dentro de ti y entrarás en contacto con la energía maravillosa que habita en tu cuerpo.

Meditación diaria

Esta meditación está enfocada en la respiración y es ideal para convertirla en tu práctica diaria porque es cortita (dura unos cinco minutos) y muy sencilla, por lo que es fácil de recordar si algún día te aventuras a meditar sin audio.

1
El vaivén de las emociones

¿PARA QUÉ SIRVEN TUS EMOCIONES?

Tenemos muy claro que en nosotros habita un universo de emociones. Muchas veces las maldecimos porque nos dominan y sentimos que perdemos el control de la situación; otras, las adoramos porque nos hacen sentir un bienestar indescriptible que nos gustaría que no acabara nunca. Sin embargo, son muy pocas las ocasiones en las que nos paramos a pensar en la utilidad de ese abanico colorido de emociones que es capaz de generar desde una brisa agradable a un vendaval furioso.

Las emociones nacieron hace millones de años para garantizar nuestra supervivencia y nuestra evolución como especie. Son respuestas automatizadas que se desencadenan ante estímulos externos y que están codificadas en nuestro sistema nervioso. Las emociones provocan una serie de cambios bioquímicos en nuestro cuerpo y nos disponen a la acción, por lo tanto, son imprescindibles para que sigamos vivos.

Para empezar a conocerte, primero tendrás que aprender a reconocer cuáles son las emociones básicas.

	¿QUÉ ES?	¿CÓMO REACCIONA TU CUERPO?	¿PARA QUÉ SIRVE?
IRA	Reacción a una situación injusta.	Aumenta el flujo de sangre en brazos y manos y el nivel de adrenalina.	Te proporciona la energía necesaria para luchar contra el enemigo.
ALEGRÍA	Reacción a un suceso agradable.	Aumenta el caudal de energía en el cuerpo.	Te capacita para llevar a cabo casi cualquier acción e inhibe los pensamientos desagradables.
MIEDO	Reacción a una situación amenazadora.	Aumenta el flujo de sangre en las piernas.	Te prepara para la huida.
ASCO	Reacción natural a un olor nauseabundo o a un alimento tóxico.	Expresión facial con labio levantado y nariz arrugada y cierre de las fosas nasales.	Evita que percibas un olor o te hace expulsar un alimento tóxico.
SORPRESA	Reacción a un evento imprevisto.	Expresión facial con cejas levantadas y ojos bien abiertos.	Te ayuda a percibir con mayor detalle lo que está pasando para valorar cómo actuar.
TRISTEZA	Reacción a un suceso desagradable, como una pérdida.	Disminución del caudal de energía y el metabolismo.	Favorece la labor introspectiva de aceptación y la planificación de un nuevo comienzo.
AMOR	Reacción de ternura y satisfacción sexual.	Activación del sistema nervioso parasimpático.	Produce relajación y satisfacción.

SENTIMIENTO Y EMOCIÓN, DOS CARAS DE LA MISMA MONEDA

Solemos utilizar la palabra *sentimiento* como sinónimo de *emoción* y lo cierto es que, aunque son dos caras de una misma moneda, no significan exactamente lo mismo. La neurocientífica Sarah McKay, autora del blog *Your Brain Health*, lo explica así: «**Las emociones actúan en el teatro del cuerpo, y los sentimientos, en el teatro de la mente**». De hecho, los sentimientos son pensamientos vinculados a una emoción en particular.

Emoción + pensamiento = sentimiento

¿Y de dónde nacen los sentimientos? Para encontrar la respuesta a esta pregunta, tenemos que remontarnos a millones de años atrás y descubrir cómo ha ido evolucionando nuestro cerebro.

EVOLUCIÓN		
1 **CEREBRO PRIMITIVO** (reptiliano)	**2** **CEREBRO EMOCIONAL** (límbico)	**3** **CEREBRO RACIONAL** (neocórtex)
Instinto	**Emoción =** respuesta fisiológica	**Pensamiento =** respuesta mental

El nacimiento del **cerebro racional** supuso la aparición de la **memoria** y el **aprendizaje**. Esto fue esencial para la supervivencia del ser humano porque, a partir de entonces, fuimos capaces de recordar lo que constituía una amenaza y así evitarla.

¿Pero cómo pasamos de tener un cerebro emocional a uno racional? En su libro *Ontología del lenguaje,* Rafael Echeverría defiende que esta evolución ocurrió a raíz de la vida en sociedad, ya que necesitábamos coordinar acciones para sobrevivir. Según

Echeverría, el cerebro racional también nos brindó la capacidad de reflexionar sobre nuestro propio pensamiento y nuestras emociones, es decir, la **capacidad metacognitiva.**

Además, el cerebro racional nos trajo otra ventaja evolutiva maravillosa: el **vínculo entre madre e hijo.** Como explica Daniel Goleman en su libro *Inteligencia emocional,* con el cerebro emocional sentíamos la emoción del amor (deseo sexual y placer), pero con el surgimiento del cerebro racional apareció un vínculo con las crías que garantizaba la estabilidad, el compromiso y la protección de la familia, y que aseguraba nuestro futuro como especie.

Esto demuestra que los sentimientos pueden ser muy poderosos —tanto como el amor de una madre hacia un hijo—, ¿pero cómo funcionan exactamente? Pues de esta manera:

1. Sientes una emoción.
2. El pensamiento le da un significado a esta emoción.
3. Este significado es completamente personal (depende de tu experiencia vital y de tus creencias).

= SENTIMIENTO

A su vez, los sentimientos son capaces de evocar la emoción a la que están vinculados.

4. Piensas en una situación amenazante del pasado.
5. Revives el sentimiento que te causó ese momento.
6. Evocas la emoción del miedo en el cuerpo.

= EMOCIÓN

En definitiva, tanto emoción como sentimiento están interconectados y se nutren el uno del otro.

¿CÓMO PUEDES GESTIONAR TUS EMOCIONES?

Expresiones como «estoy desbordada» o «estoy muy agobiado» se escuchan a diario en sitios tan variopintos como la oficina, la cafetería de la esquina o el metro. Y es que, frecuentemente, nos sentimos incapaces de gestionar nuestras emociones. Eso nos preocupa porque sabemos que un torrente desbordado de emociones puede actuar como un lastre y limitarnos en muchos aspectos de nuestra vida.

En efecto, desarrollar la inteligencia emocional es vital para nuestro crecimiento. En palabras de Goleman, **«al menos el ochenta por ciento del éxito en la edad adulta proviene de la inteligencia emocional»**. Pese a que hemos escuchado hablar sobre este concepto en cientos de libros, *podcasts*, entrevistas y reuniones de trabajo, desconocemos que la inteligencia emocional depende de nuestra habilidad de observar desde fuera nuestros pensamientos y emociones (es decir, de la famosa capacidad metacognitiva de la que ya hemos hablado).

Seguramente estarás pensando: «Eso está muy bien, Claudia, pero entonces ¿cómo gestiono mis emociones?». Solo tienes que seguir estos cuatro pasos.

1

El primer paso es **SABER RECONOCER TUS EMOCIONES EN EL MOMENTO EN EL QUE APARECEN.**

SOLUCIÓN: identifica qué tipo de persona eres dependiendo de tu gestión emocional siguiendo el modelo de inteligencia emocional que desarrollaron los psicólogos John Mayer y Peter Salovey.

QUIEN ES CONSCIENTE DE SÍ MISMO	**QUIEN ESTÁ ATRAPADO EN SUS EMOCIONES**	**QUIEN ACEPTA RESIGNADAMENTE SUS EMOCIONES**
✓ Es capaz de comprender su estado emocional, y si es negativo, no le lleva mucho tiempo salir de él, ya que no tiende a obsesionarse, simplemente lo deja pasar.	✓ No sabe descifrar sus emociones y sentimientos. No es capaz de distinguir una emoción de un sentimiento ni el papel que juegan los pensamientos en todo esto. No sabe salir de un estado de ánimo negativo.	✓ Es consciente de lo que está sintiendo, pero no hace nada para cambiarlo.
✓ Es autónomo, seguro y suele tener una visión muy optimista de la vida.	✓ Suele sentirse abrumado y perdido por el torrente emocional.	✓ Puede sentirse de buen humor o bien ser propenso a la depresión.
✓ Es más feliz que la media debido a su control emocional.	✓ Es una víctima de sus emociones.	✓ Tiene una actitud pasiva ante su estado de ánimo.

2

El segundo paso es **DARLES LA BIENVENIDA.** La aceptación de las emociones que experimentas es imprescindible para canalizarlas bien. No hay que juzgarlas; ninguna de ellas es mejor o peor, sino que están ahí para cumplir una función.

Habitualmente, en la infancia, y dependiendo de las creencias de tu núcleo familiar, colmas de connotaciones las emociones, en especial, las desagradables. Por ejemplo, dices: «Sentir miedo es de cobardes», «el enfado es de antipáticos» o «la tristeza es de débiles».

Estos juicios —la mayoría heredados de tus padres o de las personas que te han criado— afectan a tu capacidad de canalizar las emociones porque, al juzgar una emoción como mala, tiendes a bloquearla.

EL CASO DE MARÍA

María llegó a mi despacho para trabajar su agotamiento mental. Sentía que saltaba a menudo y por cualquier cosa, tanto que se estaba convirtiendo en un problema en casa. La paciencia con sus hijos y su marido había disminuido terriblemente y eso ocasionaba muchos dramas familiares. Todo esto sumado a que se encontraba mal físicamente. Tenía que acudir al fisioterapeuta todas las semanas porque tenía muchos dolores articulares y cuando hacía deporte se lesionaba con frecuencia.

Al cabo de un par de sesiones me contó que seis años atrás había perdido a un hijo al poco tiempo de nacer. Me sorprendió descubrir que me lo relataba intentando pasar por alto toda la carga emocional del acontecimiento, como el que redacta una noticia en el periódico. Fue ahí cuando me di cuenta de que estaba delante de una persona que no había hecho el duelo y de que tenía la emoción de la tristeza bloqueada. Esto le ocasionaba el malestar físico y mental.

Ella se excusaba diciendo que no podía pararse y que estar triste conllevaba tener que parar. Tenía otra hija que necesitaba de toda su atención y a una madre que estuviese «bien».

María había evitado la tristeza por miedo a quedarse paralizada y a no poder atender a su familia. Se había quedado anclada en la fase de la rabia, ya que era la única emoción disponible que la impulsaba y le daba energía para seguir. Sin embargo, la rabia también era la responsable de su irascibilidad y de sus problemas físicos. Así pues, para gestionar esta emoción, María debía detenerse, llorar la pérdida y, luego, seguir adelante.

3

El tercer paso es **ATRAVESARLAS.** Aunque el concepto suene abstracto, lo que quiero decir es que hay que sentir las emociones y vivir el proceso durante el tiempo que sea necesario, con **paciencia.** El hecho de poner una fecha de caducidad al duelo solo provoca estrés y que nos exijamos estar bien cuando, en realidad, no lo estamos.

SOLUCIÓN: además de la paciencia, otra de las claves que te puede ayudar a atravesar emociones desagradables es **comprender cuál es la otra cara de la moneda de las emociones;** el sentido de cada una de ellas y qué se puede aprender en el proceso.

Te voy a explicar la cara B del miedo, la rabia y la tristeza.

- Como hemos visto, el **miedo** nos alerta de un peligro y nos provoca una reacción automática, pero el miedo puede ser racional o irracional. De hecho, a causa de miedos irracionales y evitables, muchas veces respondemos automáticamente y sufrimos estrés.

De manera que, si nos paramos a identificar qué hay detrás de ese miedo realmente y tomamos consciencia de su origen y su propósito, seremos capaces de gestionarlo.

Para que aprendas a identificar tu miedo real y a tomar conciencia de lo que ocurre en tu interior, te propongo este sencillo ejercicio.

1. ¿A qué tengo miedo?

....

....

....

....

....

....

....

....

....

2. De esto, ¿qué es lo que me asusta exactamente?

....

....

....

....

....

....

....

3. ¿Qué es lo peor que puede pasar si esto ocurre?

....

....

....

....

....

....

....

4. ¿Cómo me sentiría si esto efectivamente ocurriera?

....
....
....
....
....
....

5. ¿Qué intenta proteger mi miedo?

....
....
....
....
....
....
....

Gracias a este ejercicio que acabas de completar hice grandes hallazgos sobre mi miedo escénico.

1. Le tengo miedo a hablar en público.
2. Lo que realmente me asusta es equivocarme.
3. Lo peor que puede pasar es que se rían de mí.
4. Si se riesen de mí, me sentiría rechazada.
5. Mi miedo está intentando proteger mi sensación de pertenencia y aceptación.

Si alguien se riera de mí por equivocarme, esa risa desencadenaría mi miedo real a sentirme rechazada porque eso supondría no pertenecer.

Entonces, para lograr un cambio de paradigma debo cambiar la connotación que tiene para mí el reírse de alguien por otra más positiva. Así consigo que me dé menos miedo hablar en público.

¿Y cómo puedo hacer esto? Un buen comienzo sería probar a reírme de mí misma cuando me equivoco, por ejemplo.

En definitiva, se trata de tomar conciencia de tu miedo real, ya que eso te capacita para gestionarlo y, posteriormente, cambiar el chip.

- La **rabia** aparece ante una situación que valoramos injusta hacia nuestra persona y nos proporciona el empuje necesario para poner límites, es decir, para decir *no*.

    Los problemas a la hora de poner límites surgen por la connotación que culturalmente puede tener el no para nosotros. «¿Es de mala educación?» o «¿soy culpable si la otra persona se siente ofendida?» son las connotaciones que nos impiden poner límites que más he visto a lo largo de mi experiencia como *coach*.

    Al final, todo se reduce a algo muy básico: si no dices que no cuando es necesario, no te estás respetando a ti mismo, y cuanto menos respeto te tienes, menos amor te profesas.

Como sé que estás en el camino de conocerte y amarte, me gustaría que tuvieras presente que lo importante no es ser educado, sino ser feliz, de manera que, si necesitas decir *no* para sentirte bien, ¡hazlo!

Tu responsabilidad es comunicar lo que sientes y necesitas, y si los demás se ofenden no es tu culpa, es algo que ellos deben trabajar.

- La **tristeza** aparece cuando experimentamos una pérdida. Quiero que, por un momento, visualices la postura corporal de una persona triste. Si observas detenidamente, suele estar cabizbaja, como si solo pudiese observarse a sí misma.

  Esta postura es muy simbólica porque el objetivo de la tristeza es la introspección, que te pares a reflexionar y a aceptar lo que ha ocurrido para reponer energía y volver a empezar.

  El duelo es complicado. Hay terapeutas que dicen que dura unos ocho meses; otros, dos años. Sin embargo, desde mi experiencia, esta estimación está muy alejada de la realidad.

  El duelo consta de cinco fases, según la psiquiatra Elisabeth Kübler-Ross:

  1. **Negación:** en esta etapa te niegas a ti mismo o a tu entorno la pérdida. No hay emoción ya que está bloqueada debido al *shock*. Es posible que se exteriorice en forma de negación de la importancia de la pérdida o de su carácter definitivo.
  2. **Enfado:** esta fase conlleva sentimientos de frustración e impotencia. Quieres volver a estar en el contexto an-

terior a la pérdida y eso te provoca mucha rabia que, a su vez, te impulsa a buscar una explicación y, sobre todo, culpables.
3. **Negociación:** en esta etapa te planteas qué pasaría si pudieras revertir la pérdida de esa persona. Es frecuente pensar qué hubiera pasado si hubieras hecho otra cosa en lugar de la que hiciste.
4. **Tristeza:** es el momento en el que tomas conciencia de la pérdida definitiva y afloran la tristeza y la desesperanza. Es posible que sientas que tu vida no tiene sentido.
5. **Aceptación:** es la fase en la que ya has asumido la pérdida y su carácter definitivo. Eres capaz de ponerte a ti mismo en primer plano, visualizando tu futuro, reflexionando sobre tu aprendizaje y naturalizando la muerte como parte de la vida.

Cada fase requiere de un tiempo único según la persona, la pérdida y el significado del que dotamos a esa pérdida, por lo tanto, no se puede establecer una duración fija.

Por ello, con la tristeza necesitamos armarnos de paciencia y tratarnos con mimo. Lo importante es saber que siempre pasa y que volverás a sentirte bien. Solo necesitas confiar en tu capacidad para reponerte del golpe. Estamos diseñados para volver a levantarnos y tú no eres diferente al resto de los seres humanos, ¡resurgirás de nuevo!

4

El cuarto paso es **DEJAR IR LAS EMOCIONES.** La razón primordial por la que no nos desprendemos de algunas emociones es por miedo a olvidar. Olvidar puede suponer, por un lado, que vuelvas a pasar por lo mismo o, por otro, que la figura de alguien o algo y todo lo que nos aportaba desaparezca y que, con eso, parte de nuestra identidad se esfume también. Ambos casos nos encadenan a un estado emocional que amenaza con convertirse en una patología si no lo desbloqueamos.

Por esta razón, las pérdidas más difíciles de superar son las de personas o cosas que formaban parte no solo de nuestra vida, sino de lo que somos, de nuestra identidad. Este tipo de pérdidas suponen un doble esfuerzo: la adaptación a una vida sin esa persona y el hecho de encajar lo que la pérdida supone a nivel personal.

La transición entre lo que hemos sido cuando esa persona estaba y lo que vamos a ser ahora que ya no está se convierte en un proceso tedioso, especialmente, cuando superarlo lleva asociado el miedo a perder todas las facetas de nosotros que estaban influenciadas por ese ser y que nos gustaban mucho.

SOLUCIÓN: aprender a dejar ir es un ejercicio de confianza que requiere trabajo diario. No podemos permitir que el miedo gobierne nuestros días y debemos confiar en nosotros mismos y en la vida. **Confiar en que estamos diseñados biológicamente para protegernos de cualquier peligro.**

Esto no significa que debamos estar protegiéndonos todo el día a todas horas, sino que, cuando llegue el momento, nuestro sistema nervioso nos avisará de que hay una amenaza y podremos responder. Mientras tanto, debemos disfrutar del presente, sin miedos y con confianza.

Para soltar las emociones también debemos **confiar en nuestra memoria emocional.** Todo aquello que hemos aprendido a raíz de la relación con la persona o cosa que hemos perdido reside en nosotros: es algo que ha moldeado nuestra personalidad y sigue ahí.

Por último, no quiero dejar de apelar a la **confianza en la naturaleza cambiante de la vida y de nosotros.** Nada es eterno y todo cambia, las pérdidas forman parte del fluir de la existencia y ser capaces de dejar ir es la clave para transitar de lo viejo a lo nuevo. De esta forma, le damos la bienvenida a más aprendizaje y le abrimos las puertas a nuestra evolución.

EL CASO DE OLIVIA

Cuando llegó a mi despacho me comentó que quería resolver unos temas del ámbito profesional y del amoroso. A medida que pasaban los días observé que, tanto en lo profesional como en lo personal, hacía referencia a su padre y a sus enseñanzas continuamente.

Había perdido a su padre a causa de un ataque al corazón hacía cinco años y, sin embargo, seguía recordándolo y referenciándolo cada vez que tenía la oportunidad.

Por un lado, ella estaba al frente de la empresa familiar que su padre había fundado y cuando algo no se hacía como él hubiese querido, se frustraba. Entonces, se quejaba de que el equipo había cambiado mucho desde que su fundador había muerto y de que los nuevos no entendían los valores de la empresa que su padre les había inculcado desde el principio.

Por otro lado, en el plano amoroso, tenía una lista de todas las cualidades que quería en un hombre que, casualmente, se parecían mucho a las cualidades que ella admiraba de su progenitor. Así que, si la persona que estaba conociendo flaqueaba en alguno de los puntos, lo mandaba a paseo sin miramientos.

Después de varias sesiones le pregunté a Olivia qué había significado su padre para ella, a lo que ella respondió un rotundo: «Todo». Había sido una fuente de inspiración diaria y ya no estaba. Se sentía perdida y, por ello, lo buscaba por todas partes.

Exigía que todos los empleados de la empresa comulgaran con los principios y valores que su padre había dejado como legado. También era la razón por la que buscaba a un hombre que encarnase a su padre. Necesitaba ver y sentirlo cerca y en todas partes. Lo había perdido, pero ahora temía olvidar todo aquello que le había enseñado y perderse también a sí misma.

Como ves, el caso de Olivia refleja el no dejar ir. Tenía miedo a que, si atravesaba el duelo y se desprendía de la emoción, desaparecería el recuerdo de su padre y todas sus enseñanzas, que se habían convertido en una parte fundamental de su identidad. Por lo tanto, tenía miedo a dejar de ser ella y perderse.

En vez de entender que todas esas enseñanzas ya estaban asentadas en su personalidad y que se habían convertido en principios y valores suyos, seguía buscando la figura de su padre por todas partes, y la imposibilidad de encontrarlo le provocaba mucha desesperanza.

Después de ver el carrusel de emociones y sentimientos que nos habitan, me gustaría que interiorices algo sencillo y, a la vez, esencial: que la vida es una experiencia preciosa plagada de altibajos, de momentos buenos y malos. Ser conscientes de algo tan simple nos mantiene en un equilibrio que es la llave para ser feliz.

Para que puedas lograr ese equilibrio y trabajar tu inteligencia emocional, te invito a que pruebes la siguiente meditación y recorras los cuatro pasos de la gestión emocional de forma cálida y reconfortante.

Meditación emoción

 Se trata de una meditación cuyo objetivo es centrar la atención en la emoción, darle la bienvenida, atravesarla y dejarla ir. Esta práctica promueve la sensación de paz interna.

Si quizá en este momento hay demasiadas voces en tu cabeza como para sentarte a meditar, puedes practicar esta sencilla técnica de respiración desarrollada por Andrew Weil, que ayuda a relajar y calmar tu cuerpo en momentos de estrés. Solo necesitarás poner en marcha el cronómetro del móvil.

Técnica 4-7-8

1. Vacía los pulmones primero e inhala por la nariz durante 4 segundos.
2. Contén la respiración durante 7 segundos.
3. Exhala por la boca durante 8 segundos.
4. Lo ideal es repetirla en series de cinco o más repeticiones.

2
La coraza de la mente

LA LUCHA ENTRE JUICIOS Y HECHOS

Emitimos juicios diariamente y casi a cada minuto, pero, tranquilos, es normal. Si no fuera así, nos comunicaríamos como Siri o como un robot. La problemática viene cuando no somos conscientes de que, en realidad, estamos dando nuestra opinión y de que la soltamos como si se tratase de una verdad absoluta. Esto nos pasa, sobre todo, cuando una opinión está muy extendida socialmente (podemos encontrar un montón de ejemplos en el refranero español).

Al emitir un juicio, damos por sentado que cualquiera habría visto, sentido o pensado lo mismo que nosotros, pero perdemos de vista que la mayoría de las veces no es así.

Antes de adentrarnos en el peliagudo tema de los juicios, vamos a aclarar qué los diferencia de los hechos. Un juicio es una opinión razonada sobre algo o alguien. Mientras que un hecho habla de un acontecimiento objetivo y universal, el juicio habla de la interpretación personal que hacemos sobre ese acontecimiento.

Veámoslo con unos ejemplos sencillos.

Ayer llovió de cuatro a seis de la tarde > hecho objetivo
Ayer hizo una tarde espantosa > nuestra opinión
(puede que haya personas que amen la lluvia
o piensen que es romántica)

Lo mismo sucede cuando decimos: «Ayer por la tarde llovió mucho». ¿Qué es mucho? ¿Es lo mismo para ti que para mí? Definitivamente no, por lo tanto, se trata de otra opinión.

Al perder de vista que nuestras opiniones no son la verdad universal, surgen problemas en las relaciones personales, en el trabajo y en nuestra relación con el mundo. Estas luchas por tener razón han sucedido desde tiempos inmemoriales y siguen ocurriendo hoy en día. ¿Pero por qué nos seguimos enfrentando? Porque tener razón nos da la seguridad de que nuestra vida tiene sentido.

A pesar de nuestra cabezonería, no podemos pasar por alto que vivimos en una realidad perceptiva. Esto se resumiría así:

Hecho + tu opinión = tu realidad

El problema es que, a veces, es difícil distinguir entre unos y otras dado que solemos hablar y comunicarnos mezclándolo todo.

Marco Aurelio también reflexionó sobre esta cualidad dual de la realidad cuando afirmó: **«Todo lo que oímos es una opinión, no un hecho. Todo lo que vemos es una percepción, no la realidad».** Bien, a mí me gusta resumirlo de este modo: un hecho es todo aquello que no provoca discusión, y una opinión, todo lo contrario.

Pese a que hay mucha gente que defiende la existencia de una única realidad objetiva y universal, lo cierto es que, aunque les pese, existen tantas realidades como personas en este mundo. Esto es así porque cada uno de nosotros estamos compuestos por una carga genética y por una carga ambiental de creencias o ideas (morales, culturales, sociales, familiares…) que hemos ido interiorizando desde que éramos pequeños en casa y en el colegio y, más tarde, en la universidad y en el trabajo.

Hay tantas composiciones genéticas y ambientales como personas hay en el mundo. Incluso en una misma familia, los hermanos pueden tener cargas distintas, ya que, por enumerar solo unas cuantas de las posibles diferencias, cada uno ha vivido un momento distinto de los padres, ha tenido una dinámica diferente dentro de la familia y ha tenido relaciones de amistad y amor distintas. El resultado de esta heterogeneidad es que cada uno de nosotros somos un mundo maravilloso, único y radicalmente distinto al resto de los humanos que moran la tierra.

Por tanto, carece de sentido aferrarse a verdades absolutas. La verdad es toda nuestra y tiene que ver exclusivamente con nosotros y nuestras vivencias. Tal y como lo expresó la escritora Anaïs Nin: **«No vemos las cosas como son, vemos las cosas como somos»**.

Sí, es probable que nuestras opiniones coincidan con las de nuestros familiares y amigos, pero eso no las eleva a la categoría de universal. La explicación de esa afinidad la justifica el hecho de que, seguramente, compartimos cultura, país o religión. Que tengamos una percepción u otra depende en gran medida de nuestra experiencia, pero, sobre todo, de nuestras creencias.

CREENCIAS QUE TE ENCADENAN

¿Pero qué es una creencia? Es un juicio adquirido, la mayoría de las veces, cuando éramos pequeños y que tenemos muy arraigado. En el momento en el que la interiorizamos, lo hicimos para protegernos. La hemos arrastrado todo este tiempo y hemos construido nuestra vida alrededor de ella hasta el día de hoy.

Existen dos tipos de creencias:

- **Poderosas:** las que te impulsan y te ayudan a evolucionar.
- **Limitantes:** las que te frenan y no te dejan avanzar. Vamos a hablar sobre todo de las limitantes, ya que, desafortunadamente, son las que tienen más protagonismo en nuestra vida. Algunas creencias limitantes que todos tenemos en común o podemos reconocer serían frases como «no soy capaz», «no me lo merezco» o «haga lo que haga, nada cambia».

La bella historia del elefante encadenado muestra a la perfección y desde un lugar muy tierno el significado de una creencia limitante. Dice así:

> Había una vez un niño que había crecido en una granja en la agradable compañía de gallinas, patos, vacas y cerdos. Para él, cada animal era un miembro más de la familia a quien había que cuidar, querer y respetar.
>
> Un buen día, llegó al pueblo un gran circo. El pequeño estaba deseoso por asistir al espectáculo con sus padres. Y, en efecto, la función no le defraudó. Quedó fascinado con las acrobacias de los trapecistas, las bromas de los payasos y, sobre todo, con el desfile de animales exóticos que no había visto jamás: un tigre, un león, un par de cebras y un elefante.
>
> Una vez acabó el *show,* convenció a sus padres de que le acompañaran afuera de la gran carpa para disfrutar de la presencia imponente de aquellos animales. Todos ellos descansaban en sus jaulas. Todos, excepto el elefante, que

estaba al aire libre. Una de sus patas estaba atada a una cadena sujeta a una estaca clavada en el suelo. «¿Cómo es que no se marcha?», preguntó el pequeño extrañado. Sus padres se encogieron de hombros sin saber qué responder.

Pero el pequeño no se dio por vencido. Al día siguiente, en cuanto tuvo ocasión, le preguntó a su profesora: «¿Por qué el elefante no huye?». Esta le respondió: «Porque está amaestrado». Gracias a la explicación de su maestra, comprendió que el elefante no se había percatado de lo mucho que había crecido y de que su fuerza descomunal podía acabar con aquella cadena de un soplo. El gigantesco animal solo recordaba que, de pequeño, sus esfuerzos por liberarse de sus ataduras habían sido en vano. Por eso, aunque ahora era poderoso, ya no intentaba liberarse. El recuerdo de aquella frustración pasada era más fuerte que las posibilidades que brindaba el presente.

Me gustaría contarte dos casos relacionados con las creencias limitantes para que veas hasta qué punto nos dominan.

EL CASO DE PAULA
Vino a mi despacho porque quería mejorar su comunicación. Tanto en casa como en el trabajo le habían pedido que se expresara cuando necesitase ayuda o tuviese algún problema, ya que era algo que no solía hacer y se estaba convirtiendo en un obstáculo.

Empezamos a trabajar y, después de varias preguntas, me explicó que le costaba muchísimo decir cosas que pudiesen ocasionar un conflicto. Le respondí con la siguiente pregunta: «¿Alguna vez has ocasionado un conflicto por decir algo?». En ese momento sus ojos se llenaron de lágrimas y empezó a llorar desconsoladamente.

Me mantuve en silencio, dándole espacio para que liberase la emoción y luego recobrase la entereza. Cuando estuvo preparada para hablar, me contó que cuando tenía aproximadamente diez años, ella y su padre, madre y hermano llegaron a España de Francia. Un día, al llegar del colegio, se fijó en que el coche de su padre estaba aparcado en una de las calles de detrás de su casa y se dio cuenta de que dentro del coche estaba su padre besando a una mujer que no era su madre.

Los días que siguieron, Paula estaba más callada de lo normal, y su madre, que la conocía bien, le insistía en que le contase qué le pasaba. Debido a la presión, terminó por contarle lo que había visto.

El descubrimiento de la infidelidad supuso la separación de sus padres. Su madre, a partir de entonces, no cesó en repetirle a Paula que, de no habérselo contado, ella y su padre seguirían juntos y que ahora era infeliz por culpa de Paula.

Siendo tan joven, Paula interpretó que, si comunicaba un problema, ella sería la culpable de todo lo que pasara después. Esta creencia la había acompañado durante diecinueve años de su vida y había moldeado su personalidad hasta el punto de ser incapaz de comunicar problemas. Eso, a su vez, derivó también en una incapacidad de pedir ayuda.

Este caso refleja perfectamente cómo adquirimos las creencias de pequeños para protegernos y cómo, lejos de identificarlas como algo que nos está limitando, creemos que son parte intrínseca de nuestra personalidad. Paula achacaba su incapacidad de comunicarse a su timidez, no a una creencia limitante. Ese tipo de interpretación es la que nos imposibilita identificar la creencia y cambiarla por otra poderosa que nos impulse a crecer.

Veamos ahora el caso de Marta, que refleja el poder que tiene una creencia limitante sobre nuestra conducta en el presente.

EL CASO DE MARTA

Marta vino a verme para abordar un tema laboral. Padecía mucha ansiedad por el volumen de trabajo que, lamentablemente, sentía que debía llevarse a casa todos los días. Pese a que eran tareas que muchas veces no le correspondían, aun así, lo ejecutaba ella.

Esto le impedía tener tiempo de calidad con su marido y sus dos hijos y le suponía un nivel de estrés importante. Además, se sentía muy juzgada por sus compañeros. Creía que se aprovechaban de ella y que se reían de ella a sus espaldas.

Después de varias sesiones me dijo: «Si es que de buena soy tonta, mi padre siempre me lo ha dicho».

Al parecer, cuando Marta tenía poco más de seis años, una de sus profesoras se portó de manera muy injusta con ella. Esa actitud llegó a oídos de sus padres. Su padre, indignado, intervino en el asunto. Desde entonces él, a modo de reprimenda, le repetía constantemente que de buena era tonta.

Este mantra, lejos de conllevar un cambio a mejor para Marta como pretendía su padre, se había convertido en una creencia limitante tan integrada en su personalidad que, hasta aquel entonces, y por ser leal a dicha creencia, le era imposible poner límites en el trabajo y se veía sobrepasada tanto emocional como mentalmente.

La creencia «de buena soy tonta» era parte fundamental de la identidad de Marta, tanto que la interpretación que hacía de la realidad y su actitud diaria estaba moldeada de tal forma que le daba la razón a esa creencia. Y es que nuestra realidad depende de nuestras creencias. De ahí que veamos solo lo que queremos ver y lo que encaja con nuestra realidad, así como la historia que nos hemos estado contando durante casi toda nuestra vida acerca de nosotros mismos.

LA LEY DEL ESPEJO, EL ARTE DE VERSE EN EL OTRO

Seguramente habrás escuchado alguna vez que todas las personas que entran en tu vida lo hacen para ayudarte a evolucionar. De alguna forma, se refieren a que es cuando interactúas con los demás cuando entras en contacto contigo mismo. Esto se debe a que cada persona, al ser diferente, saca a la luz las múltiples facetas de tu personalidad. Algunas hacen brillar las facetas que te gustan más de ti, y otras, las que menos.

Hay personas que te inspiran para ser más compasivo. Otras, sin embargo, te ponen de los nervios porque hacen cosas que te irritan. No obstante, todas estas personas son oportunidades maravillosas para localizar tus propias creencias, cambiarlas y evolucionar. Como dice una frase que me gusta mucho: **«Tu percepción de mí es un reflejo de ti mismo. Mi reacción hacia ti es una toma de conciencia de mí mismo»**.

Esta misma reflexión la recoge la ley del espejo, que formuló Yoshinori Noguchi en su libro homónimo, y dice lo siguiente:

1. **Todo lo que me molesta, irrita, enoja o quiera cambiar de otro está dentro de mí.**

    Esto quiere decir que si, por ejemplo, me molesta la gente que llega tarde porque considero que son personas egocéntricas e irrespetuosas, esos prejuicios están dentro de mí. Que yo lo piense no significa que, efectivamente, sean personas así. Pueden haber llegado tarde por otras razones que no han podido controlar, sin embargo, esos son mis prejuicios sobre las personas que llegan tarde. Estos prejuicios pueden moldear mi actitud de dos maneras:

    a. Si tengo una reunión de trabajo y la persona con la que me voy a reunir llega tarde, debido a estos prejuicios, mi predisposición en la conversación va a ser un tanto más distante que si la persona con la que me he reunido hubiese llegado a tiempo. Puede, incluso, que se convierta en motivo suficiente para no hacer negocios con ella.

b. Por otro lado, si soy yo la que llega tarde a la reunión, puede que empiece a juzgarme a mí misma de tal forma que quiera compensar mi demora intentando agradar a la persona con la que he quedado. Así trato de cambiar el prejuicio que creo que ha adquirido de mí por llegar tarde. Esto me puede poner en una situación de desventaja a la hora de negociar eficientemente.

Como vemos, es un baremo que utilizamos con los demás, pero también con nosotros mismos, y que tiene el poder de moldear nuestra conducta de una manera sorprendente.

2. Todo lo que me critica, combate o juzga otro, si me molesta o hiere, está reprimido en mí y me toca trabajarlo.
Continuando con el ejemplo anterior, si algún compañero de trabajo dice que yo suelo llegar tarde, mi interpretación del comentario va a ser que lo que realmente me está diciendo es que soy una persona egocéntrica e irrespetuosa. Definitivamente, va a ser un comentario que me hiera, pero no significa que la persona me lo esté diciendo con intención de herir, ni que sea un comentario con la connotación de persona egocéntrica e irrespetuosa que yo le he puesto al llegar tarde. Esa connotación está dentro de mí y me toca trabajar para mejorarla.

3. Todo lo que el otro me critica, juzga o quiere cambiar de mí, sin que me afecte, le pertenece a él.
Tengo una amiga que llega tarde muy a menudo y cuando le recrimino su tardanza se ríe. A ella el llegar tarde le parece una característica muy peculiar de su personalidad que nace

de su gran optimismo. A la hora de calcular tiempos tiende a comprometerse a llegar mucho antes de lo que realmente puede llegar. Obviamente, su optimismo es un gran recurso en otros aspectos de su vida, así que le gusta y no quiere cambiarlo. Por lo tanto, como es de suponer, la reprimenda no le afecta lo más mínimo y no pasa nada porque, en realidad, la que lo tiene que trabajar soy yo. No obstante, eso no quita que deba poner límites a sus demoras, ya que me hace perder el tiempo por tener que esperarla muchas veces.

4. **Todo lo que me gusta del otro, lo que amo en él, también está dentro de mí y reconozco mis cualidades en otros.**
Identificamos en los demás todo aquello que no nos gusta, pero también lo que sí nos gusta. Tanto lo bueno como lo malo reside en nuestro interior. Nos estamos experimentando continuamente a nosotros mismos cuando interactuamos con los demás, de manera que todo el mundo supone una oportunidad maravillosa para trabajarnos y para reconocer aquello de lo que estamos orgullosos de nosotros mismos.

Esta ley es la clave para aprender a no tomarse nada a lo personal porque nos demuestra que nuestras reacciones son una respuesta a lo que ya está en nuestro interior. Así que, lo siento, pero tu forma de reaccionar no tiene absolutamente nada que ver con el que está enfrente.

Si partimos de la base de que la interacción ideal con los demás es la que viene de un lugar de aceptación absoluta, toda interacción que no nazca de ese lugar nace de una creencia que está dentro de nosotros mismos y debemos trabajar.

¡Ojo!, esto no quiere decir que, si nos sentimos heridos o molestos, no debamos poner límites. Una cosa es tener una creencia limitante que nos dificulta la convivencia con el resto y que debamos cambiar y otra muy distinta es que la reacción de otra persona dificulte o coarte nuestra propia libertad. Esta última casuística requiere que apliquemos la célebre frase «**Mi libertad termina donde empieza la del ser que tenemos enfrente**» y que marquemos límites.

Para una convivencia pacífica es necesario aceptarnos a nosotros mismos y al de delante, pero hay una delgada línea entre la aceptación del otro y la no aceptación de uno mismo, y viceversa.

El equilibrio se encuentra en la noción del bien común. Cuando vivimos en sociedad, el bien para uno mismo pasa a ser el bien común, de manera que todo lo que venga desde el egoísmo está coartando la libertad de los demás, y todo lo que venga del bien común nos está aportando libertad. Poner límites es necesario cuando vivimos en sociedad para garantizar la libertad del colectivo, y eso significa que la aceptación de uno mismo y del otro se extienda a la aceptación del colectivo también.

Antes de acabar este capítulo quiero proponerte que realices el proceso Dickens tan utilizado por Tony Robbins. Se trata de una meditación seguida de un ejercicio. Así que te animo a que te sientes en un lugar relajado, cierres los ojos y te dejes llevar:

Meditación proceso Dickens

Se trata de una meditación inspirada en la obra *Cuento de Navidad*, de Charles Dickens. Y es una meditación de gran poder para cambiar creencias que te han estado limitando y para transitar al siguiente nivel en tu evolución. Puedes practicarla cuantas veces quieras para cambiar una creencia limitante en cada ocasión.

Ahora es momento de dejar por escrito lo que has descubierto. Si lo has repetido con más de una creencia, puedes ir completando también la creencia 2 y la creencia 3:

Creencia 1

....

....

....

....

....

¿Qué consecuencias negativas has experimentado ya por culpa de esta creencia?

....

....

....

....

....

Creencia 2

....

....

....

....

....

....

....

¿Qué consecuencias negativas has experimentado ya por culpa de esta creencia?

....

....

....

....

....

....

....

Creencia 3

....

....

....

....

....

....

¿Qué consecuencias negativas has experimentado ya por culpa de esta creencia?

....

....

....

....

....

....

Escribe cada creencia limitante del pasado, táchala y escribe tu nueva creencia poderosa después.

Es importante que la creencia poderosa por la que estás cambiando tu creencia limitante esté planteada en positivo y venga desde un lugar incondicional a ti mismo. Tómate unos minutos antes de pensarla para conectar con esa fuente de amor y, cuando estés listo, escríbela.

Ejemplo:
Creencia limitante: ~~*El amor es sufrimiento*~~
Creencia poderosa: *¡La realidad es que siento amor siempre que lo reparto!*

1. Creencia limitante 1

....

....

....

....

Creencia poderosa 1

....

....

....

....

2. Creencia limitante 2

....

....

....

....

Creencia poderosa 2

....

....

....

....

3. Creencia limitante 3

....

....

....

....

Creencia poderosa 3

....

....

....

....

3

El niño que aún vive en ti

EL NIÑO INTERIOR Y TÚ, UN TÁNDEM INSEPARABLE

Dentro de cada uno de nosotros habita alguien pequeño, pero con mucho poder. Ese ser poderoso puede ser capaz —entre otras habilidades problemáticas— de provocarnos una vergüenza insoportable cuando tenemos que hablar en público; de convertirnos en auténticos obsesos de la perfección o en celosos empedernidos. Quizá te estarás preguntando: «¿Y quién es ese que vive dentro de mí y que tiene el dichoso talento de jugarme malas pasadas?». Ese alguien es el niño interior. Todos y cada uno de nosotros tenemos un niño interior dentro. Esto podría ser algo positivo: al fin y al cabo, los niños son espontáneos, divertidos, curiosos… El problema empieza cuando ese niño interior tiene una herida sin curar.

Si el niño interior está herido —y es así en la gran mayoría de nosotros—, suele ser el responsable de nuestras conductas de autosaboteo inconsciente: esas actitudes que nos limitan y nos impiden seguir creciendo. Aunque en algún momento hayamos tenido la intuición de que algo en nuestro interior no andaba del todo bien, hemos intentado por todos los medios ignorar a ese niño herido y seguir con nuestras vidas de adultos como si nada. Pese a que algo nos duele, continuamos con nuestro ritmo frenético: oficina, gimnasio, compra, hijos… Pero por más esfuerzos que hagamos por desoírlo, nuestro niño interior nunca va a desaparecer.

Precisamente porque nos acompañará a lo largo de nuestra vida es muy importante sanarlo, tal y como plantea la terapia Gestalt.

Vamos a acercarnos un poco más a ese niño interior que tanto mimo necesita para tratar de entenderlo mejor. Cuando somos pequeños (generalmente, menores de siete años), antes de que hayamos desarrollado nuestra capacidad para juzgar los acontecimientos que nos rodean, nuestra interpretación de la realidad tiene que ver única y exclusivamente con nosotros mismos. Por ejemplo, es muy probable que un niño cuyos padres se separan cuando tiene cinco años piense que se han separado por su culpa.

Dado que antes de los siete años no somos capaces de juzgar una situación como ajena a nosotros mismos —como han explicado psicólogos de la talla de Jean Piaget—, para un niño, casi cualquier experiencia puede ser susceptible de convertirse en un trauma, en una herida. Esto se debe a que los niños tienen una interpretación absolutista de la realidad, es decir, piensan en blanco o en negro y el gris para ellos no existe. Su manera de razonar es esta: «Si no me quieres es que me odias» o «Si mamá me abandona, todas las mujeres de mi vida me abandonarán». Además, los niños no usan la lógica, sino que se mueven por el razonamiento emocional: «Si no me siento amado es porque no merezco ser amado» o «si papá no me hace caso es porque hay algo en mí que está mal». Para resumirlo de una forma rápida y clara, podríamos decir que los más pequeños son egocéntricos y narcisistas por naturaleza.

¿Y qué sucede cuando nuestras necesidades no son satisfechas durante la infancia? Pues que, en la edad adulta, nuestra mentalidad y nuestra conducta se ven contaminadas por el niño interior herido que vive en nosotros. Esto es así en gran parte de los casos, a no ser que, como adultos, seamos conscientes de las heridas del niño interior, hayamos identificado sus detonantes y nos hayamos hecho cargo de satisfacer las necesidades de nuestro niño como un padre se hace cargo de los cuidados de su hijo.

¿Pero cómo es exactamente esa herida incrustada en nuestro niño interior? Existen muchos tipos de dolor, pero todos tienen un origen común: en algún momento de nuestra infancia, el niño interpretó que era insuficiente y dejó de permitirse ser, sentir y actuar como de verdad necesitaba. El rechazo de tu yo auténtico es la gran herida de tu niño interior.

El rechazo de su personalidad original se produce cuando el niño siente que sus padres —uno o ambos— no son capaces de afirmar sus sentimientos, necesidades y deseos y, por tanto, siente que su yo auténtico es rechazado. Esto obliga al niño herido a crear un yo falso para sentirse aceptado y amado por su familia.

A medida que pasan los años, ese yo falso se va desarrollando y, reafirmado por el sistema familiar, el adulto llega a creer que su yo falso es su auténtico yo. Dicho de otra forma, nuestro yo adulto olvida que su manera de ser actual fue una creación para adaptarse a una situación familiar en la infancia. Sin embargo, nuestro yo auténtico —nuestro niño interior— sigue ahí y siempre encuentra una rendija, por pequeña que sea, para expresarse en el presente.

CONECTAR CON LAS HERIDAS DE TU NIÑEZ

¿Cuándo se manifiesta ese niño interior en nuestro día a día adulto? Cuando algún suceso mete el dedo en la llaga de nuestro niño. Las heridas de nuestro niño interior resultan de experiencias dolorosas que no hemos sido capaces de entender o digerir en el momento en el que ocurrieron. Por ello cuando, ya de adultos, vivimos alguna situación que nos recuerda a esa experiencia lacerante del pasado, revivimos ese viejo sentimiento de sufrimiento. Estas situaciones son lo que llamamos *detonantes del niño interior.*

¿Y qué hacemos cuando se activa esa herida que llevamos dentro? Generalmente, recurrimos a formas adictivas de manejar ese dolor que no fuimos capaces de digerir en el pasado, es decir, caemos en comportamientos compulsivos que se expresan de distintas formas. Podemos mostrar desde sutiles actitudes de autosaboteo hasta pautas autodestructivas graves. En esta lista encontrarás algunos de los comportamientos que puede mostrar tu yo adulto cuando algo activa la herida de tu niño interior. Verás que algunas de estas actitudes son fruto del narcisismo inherente a los niños o de la necesidad, la dependencia y el pánico al abandono.

- Necesidad de tener siempre la razón.
- Necesidad de agradar a los demás pasando por encima de tu propia felicidad o salud.
- Obsesión por ser perfecto.
- Culpar a los demás y ser incapaz de reconocer tu propia responsabilidad en los errores que cometes.
- Celos desmedidos.
- Miedo a exponerte en público.
- Necesidad de depender de tu pareja.
- Necesidad de sentirte reconocido y aprobado por los demás.
- Necesidad de controlarlo todo.
- Prejuzgar fácilmente y a menudo a los demás.
- Trastornos alimentarios.
- Adicciones (comida, bebida, drogas, compras, sexo…).
- Autolesiones.
- Intentos de suicidio.

Si te has reconocido en uno o varios puntos de la lista, no te preocupes. Ten presente que todos y cada uno de nosotros tenemos un niño interior y que, muchas veces, este está herido. Pero no te desanimes, ¡sanar esa herida es posible! El primer paso para hacerlo es aprender a escuchar la tímida voz de tu niño interior. Para ello, te invito a practicar la siguiente meditación.

Meditación reencuentro

El objetivo de esta meditación es entrar en contacto con tu niño interior por primera vez. Así podrás descubrir más información sobre él y conectar con su estado emocional.

Ahora que ya has experimentado tu primer contacto con tu niño interior y que has entrado en sintonía con su vibración, me gustaría que describieras cómo ha sido la experiencia para que sea más provechosa para ti. Puedes utilizar estas preguntas como guía y responderlas aquí mismo o hacerlo a tu manera. Solo ten presente una cosa: cuanta más información y detalles aportes, mejor.

LO MEJOR DE TÍ

✓ **¿Qué edad tiene tu niño interior?**

....
....
....
....
....
....

✓ **¿Qué ropa lleva?**

....
....
....
....
....
....
....

✓ **¿Dónde está?**

✓ **¿Cómo ha sido tu interacción con él?**

LO MEJOR DE TI

✓ **¿Cuál era su estado emocional?**

....
....
....
....
....
....

✓ **¿Cómo te has sentido con lo que ha pasado?**

....
....
....
....
....
....

✓ ¿Ha habido algo que te ha llamado la atención?

✓ ¿Tu niño interior tiene un nombre distinto al tuyo? Por ejemplo, un mote con el que se sienta más identificado.

Una vez has conocido al niño que llevas dentro, puedes completar este cuestionario para averiguar si tu niño interior está herido:

1	Experimento ansiedad y miedo cuando contemplo hacer algo nuevo.	Sí No
2	Siempre intento complacer a los demás antes que a mí mismo.	Sí No
3	Soy un rebelde. Me siento vivo cuando estoy en conflicto.	Sí No
4	En lo más profundo de mi ser, siento que hay algo que está mal dentro de mí.	Sí No
5	Tiendo a acumular cosas. Me cuesta dejar ir.	Sí No
6	Me siento insuficiente como persona.	Sí No
7	Me siento confundido con respecto a mi orientación sexual.	Sí No
8	Me siento culpable cuando me defiendo, y prefiero ceder ante los demás.	Sí No
9	Me cuesta empezar a hacer algo.	Sí No
10	Me cuesta terminar de hacer algo.	Sí No
11	Rara vez tengo una opinión propia.	Sí No
12	Me critico a mí mismo constantemente por ser insuficiente.	Sí No
13	Me considero un pecador y creo que iré al infierno.	Sí No
14	Soy rígido y perfeccionista.	Sí No
15	Siento que nunca llego a la altura. Nunca hago nada bien.	Sí No
16	Siento que no sé lo que realmente quiero.	Sí No

17	Estoy impulsado a ser un triunfador.	Sí	No
18	Siento que no importo excepto cuando soy sexual. Tengo miedo a ser rechazado y abandonado si no soy un buen amante.	Sí	No
19	Mi vida está vacía. Me siento deprimido casi todo el tiempo.	Sí	No
20	Realmente no sé quién soy. No estoy seguro de lo que valgo ni de mi opinión sobre las cosas.	Sí	No
21	Estoy desconectado de mis necesidades físicas. No sé cuándo estoy cansado, tengo hambre o estoy excitado.	Sí	No
22	No me gusta que me toquen.	Sí	No
23	Suelo tener relaciones sexuales cuando no me apetece.	Sí	No
24	He tenido o sigo teniendo un desorden alimentario.	Sí	No
25	Casi nunca sé cómo me siento.	Sí	No
26	Siento vergüenza cuando me enfado.	Sí	No
27	No suelo enfadarme, pero cuando lo hago, me enfurezco.	Sí	No
28	Me da miedo la rabia de los demás y hago cualquier cosa para controlarla.	Sí	No
29	Siento vergüenza cuando lloro.	Sí	No
30	Siento vergüenza cuando tengo miedo.	Sí	No
31	Suelo no expresar emociones desagradables.	Sí	No
32	Estoy avergonzado de mis funciones corporales.	Sí	No
33	Tengo trastorno del sueño.	Sí	No

34	Básicamente desconfío de todo el mundo, incluso de mí mismo.	Sí	No
35	He estado o sigo estando emparejado con un adicto o adicta.	Sí	No
36	Soy obsesivo y controlador en mi relación de pareja.	Sí	No
37	Soy un adicto.	Sí	No
38	Me aíslo y temo a la gente. Especialmente a las figuras de autoridad.	Sí	No
39	Odio estar solo y hago casi cualquier cosa para evitarlo.	Sí	No
40	Me sorprendo haciendo cosas que creo que los demás esperan de mí.	Sí	No
41	Evito el conflicto a toda costa.	Sí	No
42	Rara vez digo que no a la sugerencia de otra persona. Siento que las sugerencias de los demás son prácticamente órdenes que hay que obedecer.	Sí	No
43	Tengo un sentido de la responsabilidad demasiado desarrollado. Es más fácil para mí preocuparme de los demás que de mí mismo.	Sí	No
44	A menudo no digo *no* directamente y luego me niego a hacer lo que los demás piden de forma manipuladora, indirecta y pasiva.	Sí	No
45	No sé cómo resolver conflictos con otros. O domino a mi oponente o me retiro completamente de la batalla.	Sí	No
46	Rara vez pido una aclaración de una afirmación que no entiendo.	Sí	No
47	Nunca he sentido cercanía con uno de mis padres o con los dos.	Sí	No
48	Suelo dar por hecho el significado de lo que alguien quiere decir y contesto en base a mi suposición.	Sí	No
49	Tiendo a confundir amor con compasión y tiendo a amar a personas por las que siento compasión.	Sí	No

50	Me ridiculizo a mí mismo y a los demás si cometen un error.	Sí	No
51	Me rindo fácilmente y me conformo con hacer lo que quiere el grupo.	Sí	No
52	Soy ferozmente competitivo y un mal perdedor.	Sí	No
53	Mi mayor miedo es el miedo al abandono y haría cualquier cosa para evitar que me dejen.	Sí	No
54	Me cuesta decir que no.	Sí	No

Si has contestado *sí* a más de diez preguntas, tu niño interior está herido y sería muy sanador para ti iniciar un trabajo personal para curarlo. Para ello te invito a cerrar los ojos en el rinconcito más tranquilo y cálido de casa y a experimentar la siguiente meditación.

Meditación contacto

Se trata de una meditación que te ayudará a descubrir qué necesita tu niño interior en la actualidad. Solo conociendo sus necesidades podremos empezar a ayudarnos a nosotros mismos.

Para seguir profundizando en el conocimiento de tu niño interior, te propongo que viajes de nuevo a tu infancia contestando a estas tres preguntas:

1. ¿Consiguieron tus padres o cuidadores satisfacer todas tus necesidades cuando eras pequeño?

   ....

   ....

   ....

   ....

   ....

2. Escribe cómo te sentías cuando eras pequeño y no se cubrían tus necesidades.

   ....

   ....

   ....

   ....

   ....

   ....

3. Intenta conectar con tus necesidades no cubiertas cuando eras pequeño y escríbelas. Haz lo mismo con tus detonantes en la edad adulta (la pregunta «¿Qué situaciones activan a mi niño interior?» te puede ayudar) y escribe también cómo son tus reacciones a esos detonantes.

....

....

....

....

....

....

....

....

....

....

....

Para acabar con esta primera aproximación a ese niño que todos llevamos dentro, te propongo que observes a tu niño interior en relación con tus padres o cuidadores. Antes de nada, echa un vistazo a este esquema de muestra.

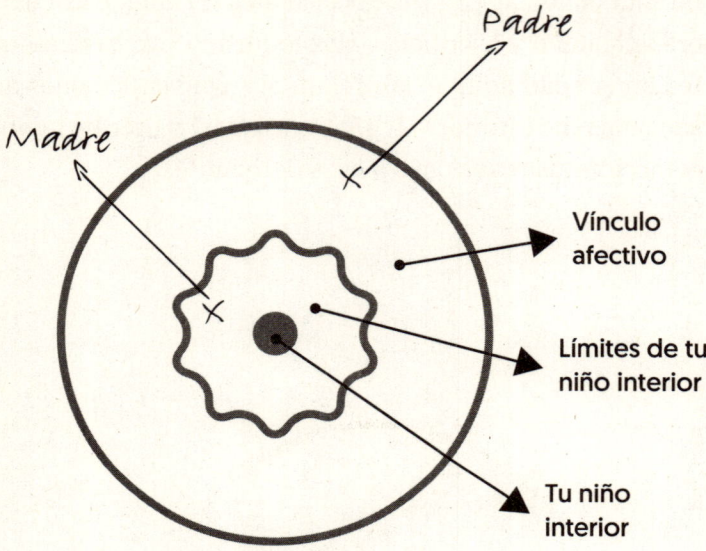

Ahora sigue estas sencillas instrucciones para elaborar tu propio esquema.

- Piensa a qué distancia estaban de ti tus padres o cuidadores. Puedes ayudarte de estas preguntas: ¿sobrepasaban mis límites o llegaban al vínculo afectivo? Es posible que hicieran ambas cosas dependiendo del momento o tal vez no.
- Dibuja una cruz a la derecha que represente a tu padre y otra cruz a la izquierda que represente a tu madre. En el caso de que se hayan hecho cargo de ti otras personas, dibújalas a ellas.
- Cuando los hayas colocado, escribe junto a cada uno de ellos todo lo que se te venga a la cabeza que te recuerde a tu relación con ellos. Pueden ser frases que te solían decir, emociones que te hacían sentir, pensamientos que te hacían aflorar… Todo lo que salga estará bien. No hace falta hacerlo de manera ordenada, pero te aconsejo que ahondes en los detalles.

EL NIÑO QUE AÚN VIVE EN TI

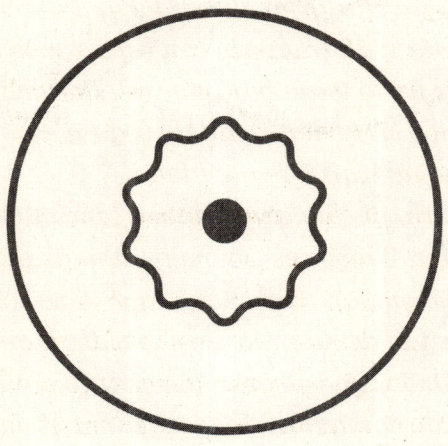

Ahora que ya conoces un poco más a tu niño interior, quisiera compartir contigo cómo descubrí la herida de mi niña interior.

Mi historia

Llevaba tiempo sabiendo que había algo en mí que no iba bien. No llegaba a los treinta años y ya había pasado por dos depresiones —una a los veintidós y otra a los veinticinco— y había sufrido un trastorno alimentario. Parecía que, después de media vida tratando con especialistas todo aquel sufrimiento por fin lo tenía bajo control. Pero no era así. Si me prestaba atención muy dentro de mí seguía experimentando sensaciones que no lograba entender.

Veía muy claro que algo no andaba bien cuando me rodeaba de niños. Tengo seis sobrinos; el más pequeño tiene cuatro años, y el mayor, trece, por lo que llevo rodeada de niños casi la mitad de mi vida. Se suele decir que los niños son pura felicidad y que alegran la casa. Yo, en cambio, casi nunca he logrado contagiarme de la felicidad de los niños. Lo único que sentía cuando me rodeaba de ellos era una tristeza infinita. No conseguía entender por qué me sentía así y eso me frustraba enormemente.

La clave que me ayudó a comprender el origen de esa tristeza inexplicable la encontré al iniciar la terapia del niño interior. Cuando hice mi primera sesión y entré en contacto con mi niña interior, vi muy claro que la relación con ella no fluía: mi niña interior rechazaba cualquier tipo de afecto por mi parte. Tenía tres o cuatro años, jugaba sola y se negaba a interactuar conmigo. Ni siquiera conseguía que me mirara a los ojos. Parecía que estuviese casi sin vida.

Después de aquella sesión tan reveladora, no podía parar de llorar. Recuerdo que le expliqué a la terapeuta lo que había sentido y, todavía muy confusa, le dije que no entendía por qué mi niña interior estaba tan deprimida.

A esa sesión le siguieron dos más y, por fin, conseguí que mi niña interior se abriera ante mí. Me dijo algo que nunca olvidaré: «Mamá está triste y no se puede hacer cargo de mí». Aquella frase, expresada con la inocencia de una niña, sacudió los cimientos de todo mi ser. Sentí como si una parte de mi corazón que llevaba toda una vida bloqueada se liberase y empezara a latir de nuevo. Un aluvión de emociones, imágenes y recuerdos que había enterrado en los escondrijos más recónditos de la memoria me asaltaron. Ahora todo tenía sentido: mi niña interior, Claudiña, se sentía abandonada, y esa era la raíz de tanta tristeza.

Más tarde comprendí cómo se había generado esa herida tan dolorosa en la pequeña Claudia. Cuando pierdes a una madre joven y que ha sufrido tantísimo, tiendes a idealizar y a proteger su memoria, tanto que, muchas veces, congelas recuerdos y sensaciones desagradables para no bajarla del pedestal. Después de tanto padecimiento, tienes la certeza de que eso es lo mínimo que se merece.

Sin embargo, Claudiña también tenía necesidades que había que atender y que no fueron escuchadas. La realidad que viví cuando era pequeña es que mi madre estaba muy triste. Cuando una persona está triste, no es capaz de dar cariño desde un lugar de amor y alegría porque ella misma se siente carente de afecto. Pero mi pequeña yo, pese a esa circunstancia, la seguía necesitando. Aun así, pese a que no me daba lo que necesitaba, era incapaz de enfadarme con ella porque empatizaba muchísimo con ella. Probablemente, ese grado de empatía tan elevado se desarrolló en el embarazo.

Mis padres se separaron cuando mi madre estaba embarazada de mí, así que, de alguna forma, absorbí toda esa tristeza materna e incluso era capaz de sentirla como propia.

Ante esta situación, mi yo de tres años entendió que si su madre estaba triste, no recibía el amor que necesitaba. Por eso, la pequeña Claudia se sentía sola, abandonada, y la represión de la tristeza por ese abandono la hirió en lo más hondo de su ser.

Desde entonces, allá donde voy me acompaña la herida de mi niña interior. Los detonantes en los que se activa esa herida son cualquier situación en la que, por alguna razón, mi niña interior siente que sus necesidades no se satisfacen. Cuando eso sucede, vuelvo a sentirme abandonada como cuando era pequeña. A esa sensación de abandono, mi cuerpo reacciona experimentando mucha ansiedad. ¿Y cómo aprendió mi yo de quince años a lidiar con esa ansiedad? Fumando y comiendo compulsivamente para, después, provocarse el vómito.

Además, por todas partes, siempre andaba buscando la figura de una madre o de un padre para que saciara las necesidades no cubiertas de mi niña interior. Durante una época, mi hermana Eugenia hizo el papel de cuidadora y, más tarde, lo hicieron mis parejas. El problema afloraba una y otra vez porque, fuera como fuera, siempre acababa sintiéndome abandonada. ¡Era imposible que alguien que no era yo pudiese darme exactamente lo que necesitaba en cada momento! Por suerte, gracias a que empecé a escuchar la voz de mi niña interior, me di cuenta de que yo y solo yo podía hacerme cargo de Claudiña, mimarla y cuidarla como se merecía.

CÓMO CUIDAR A TU NIÑO INTERIOR

Nuestro niño interior busca incansablemente una figura parental que satisfaga todas sus necesidades. Eso hace que casi todas nuestras relaciones sigan un mismo patrón: buscamos a un padre o a una madre que provea a nuestro niño interior de todo lo que le faltó en su día. Desafortunadamente, no nos damos cuenta de que lo único que conseguimos con esta dinámica es establecer relaciones insanas y dependientes. ¿Por qué sucede esto? Porque, inconscientemente, lo que estamos demandando a nuestra pareja es que se haga cargo de nuestro niño interior porque, quizá, nosotros no podemos sostenerlo. Para remediarlo es muy importante darse cuenta de que, en realidad, la responsabilidad de encargarnos del niño interior es solo nuestra, de nuestro yo adulto.

Solo si nos hacemos cargo del niño herido que habita en nuestro cuerpo seremos capaces de crear relaciones sanas, equilibradas y conscientes, así como de entablar conexiones profundas. Para conseguirlo, el primer paso es dialogar con nuestro niño desde nuestro yo adulto —sería como la conversación que podría tener un padre o una madre con su hijo o hija— y escuchar qué necesita ese pequeño ser para, después, podérselo dar. Hace un tiempo leí una cita de autor desconocido que resume a la perfección esta bonita manera de ayudarnos a nosotros mismos: **«Sé el adulto que necesitabas cuando eras un niño».** El proceso de darse a uno mismo lo que le faltó en su día se llama *reparenting* y consiste en resignificar la crianza.

Pero antes de comenzar a hacerte cargo activamente de tu niño interior, es importante pensar en cuáles deben ser las bases de este nuevo cuidado. Respondiendo a la pregunta «¿qué necesita un niño de unos padres?» encontrarás los pilares de esta nueva forma de encargarte de ti.

1. **Amor**
   Lo primero y más importante que necesita tu niño interior es que le ames incondicionalmente, es decir, debe ser un amor sin condiciones ni límites, imperturbable ante la adversidad.

2. **Respeto y validación**
   Gran parte del amor incondicional nace de un profundo sentimiento de respeto y validación del niño interior. Esto significa que aceptas su personalidad, con sus luces y sus sombras, porque es perfecto tal y como es y no quieres que cambie. Quieres que sea auténtico.
   Por otro lado, es importante que tu niño interior se sienta escuchado. Ten presente que la información que te da el niño sobre cómo se siente es muy valiosa y que siempre has de tenerla en cuenta antes de actuar para que se sienta validado. Siempre será tu yo adulto quien actúe en base a la información que te ha confiado el niño (es decir, nunca será el propio niño quien actúe según la información que él mismo ha interpretado).

3. **Protección**
   Que el niño interior se sienta protegido es esencial para su bienestar. Cada vez que aparezca un detonante, debe sentir que estás ahí para hacerte cargo de la emoción que ha aflorado. Si cuando aparece el detonante, le dejas al frente para que lidie con la situación, el niño se sentirá desamparado y desprotegido. Atender sus inseguridades y protegerle de sus miedos es una labor imprescindible por tu parte.

4. **Estructura y disciplina**
   Como a todos los niños, a veces les cuesta saber qué es bueno y qué es malo para ellos. Necesitan a un adulto que les diga qué sí y qué no. Por ello, en vez de satisfacer sus necesidades más inmediatas de manera impulsiva y sin pensar en las consecuencias, dale a tu niño una estructura y una disciplina basada en hábitos saludables y buenos para él a largo plazo. Esto es fundamental para su bienestar general y, además, también refuerza el amor, la validación y la protección.

5. **Estabilidad**
   Esto quiere decir que debes poner en práctica los cuatro puntos anteriores de forma continua y consistentemente. Todos los días y a todas horas. Solo así conseguirás tener un niño interior estable.

Ahora que ya tienes claros los pilares que deben sustentar tu relación con tu niño interior, te animo a que escribas qué aspectos de tu relación con él o ella vas a cambiar. Quizá quieres empezar a aceptar sus reacciones, a escucharle más, a juzgarle menos…

....

....

....

....

....

....

....

....

....

....

....

....

....

Ahora que sabes todo el cariño y la atención que le vas a dar a tu yo más vulnerable, te invito a practicar la siguiente meditación para que, de una forma amorosa, le expliques a tu niño interior que, a partir de ahora, te vas a hacer cargo de él, que puede confiar en ti y que no hay nada que temer.

Meditación presentación

Esta meditación sirve para presentarte ante tu niño interior como su cuidador y para comenzar a hacerte cargo de sus necesidades como un padre o una madre haría con su hijo o hija.

Mientras transitas este largo viaje que es la vida junto a tu parte más delicada, recuerda que puedes pararte por un instante a un lado del camino y conectar con tu niño interior en cualquier momento. De hecho, como el trajín de la vida adulta nos suele desconectar de esta parte tan tierna, es fundamental que lo hagas a menudo, no solo cuando necesites algo.

Conecta con tu niño interior

Cierra los ojos y respira hondo. Pon tu mano izquierda encima de tu corazón y tu mano derecha en tu abdomen y conecta con tu niño interior. Obsérvalo; pregúntale cómo está; si está receptivo, entabla una conversación con él. Cuanto más a menudo hagas este ejercicio, más confianza y seguridad sentirá tu niño y más estable y relajado se encontrará.

SEGUNDA PARTE

El camino de la transformación

Tras mirarnos al espejo y descubrir cómo somos y en qué punto estamos, nos invaden unas ganas enormes de evolucionar, de empezar a recorrer el camino de la metamorfosis igual que la larva se convierte en mariposa. Queremos eclosionar, florecer porque intuimos que lo mejor de nosotros todavía está por venir. Como afirmó Eduardo Galeano, **«somos lo que hacemos para cambiar lo que somos».**

Esa transformación hacia nuestro yo auténtico ocurre cuando identificamos y aceptamos lo que reside en nuestro interior y nos alineamos con esa verdad. Cuando pensamos, sentimos y actuamos en línea y en consecuencia con lo que somos realmente, nos sentimos conectados con nuestra esencia más pura. Por fin estamos libres de condicionamientos internos y, simplemente, somos.

Por eso, solo cuando alzas el vuelo y te liberas de las cadenas propias y las autoimpuestas, aflora una versión nueva y mejorada de ti. Quizá es muy diferente a como la habías imaginado y, sin embargo, es la manera de ser más pura que jamás has experimentado. Bienvenido, bienvenida: has iniciado el camino de la transformación hacia la mejor versión de ti.

4

Perdónate y perdónales

EL DOLOR QUE HEREDAMOS

Tenemos muy claro que todos somos fruto de una herencia genética. De nuestros ancestros recibimos el color de ojos, de piel, de pelo, la sonrisa, las manos… Lo que muchos de nosotros no sabemos es que existe otro legado intangible: la herencia psíquica. ¿Y qué incluye esta herencia? El conjunto de creencias que ha pasado de generación en generación desde tiempos inmemoriales hasta llegar a nosotros. Sería algo así como nuestro ADN psíquico.

Como hemos visto, las heridas de nuestro niño interior son el resultado de que nuestros padres o cuidadores no supieran satisfacer nuestras necesidades en la infancia. Esta incapacidad por parte de nuestros padres no nace de su falta de buena voluntad ni de empeño en hacerlo lo mejor que pueden, sino que son fruto de las heridas de sus respectivos niños interiores.

Así pues, podríamos decir que la herencia psíquica no es otra cosa que el conjunto de creencias que han surgido a raíz de las heridas de los niños interiores de nuestros antepasados. En su día, la herencia psíquica fue muy útil para nuestros ancestros porque los protegía del dolor de esas heridas. Pero en nuestro caso, ahora que hemos descubierto nuestra herida, la creencia que se implantó para protegerla ha dejado de tener efecto.

Veámoslo de forma más clara con una analogía:

Un día mi abuelo cayó al suelo y se hizo una herida. Después de sopesarlo un rato, decidió que lo mejor era vendarla hasta que sanase. Mi abuelo enseñó su manera de curar las heridas a mi madre y a mis tíos. Más tarde, mi madre me la enseñó a mí, y mis tíos, a mis primos. Este acto tan sencillo se convirtió en un hábito que compartíamos todos mis familiares y yo, y pasó de generación en generación.

Sin embargo, un día comencé a cuestionar el método de mi abuelo porque averigüé que, si limpiaba la herida cada día y la dejaba al aire en vez de vendarla, esta sanaba y cicatrizaba mucho antes.

Por lo tanto, a partir de entonces, la fórmula de mi abuelo dejó de tener sentido para mí: había descubierto un nuevo remedio mucho más eficiente y que daba mejores resultados.

En esta historia que os acabo de explicar, la venda representa la creencia que sirve para protegernos del dolor de la herida, es decir, la herencia psíquica. Pero en el momento en el que decides destapar la herida para sanarla, la herencia psíquica deja de servirte. Al fin, esa venda deja de tener sentido.

Frente a estas tradiciones adquiridas tenemos dos opciones: seguir cargando con nuestra herencia psíquica e ir traspasándola a las generaciones venideras o cuestionarla, sanarla y ponerle fin. La decisión es solo tuya, pero ten presente que, cuando sanas tú, estás liberando a tus hijos —y a los hijos de tus hijos— de la carga de esa pesada herencia.

Un sistema familiar sana cuando uno de sus miembros decide por sí mismo sanarse. Entonces, las heridas que ha ido cargando toda tu estirpe se curan. ¡Enhorabuena! Probablemente seas tú la persona destinada a liberar a tu familia de ese peso y, por esa razón, este libro te ha encontrado.

EL CASO DE MARINA

Marina llegó a mi despacho porque sentía mucho resentimiento y amargura hacia su marido y sus hijos. Me explicó que, para salvaguardar la armonía en casa, solía pasar por alto actitudes que le hacían daño. Tras varias preguntas, me contó que silenciar su dolor era una práctica muy normal dentro de su sistema familiar original. Con sus padres, hermanos, tíos y abuelos nunca se ponían los problemas encima de la mesa, más bien se escondían bajo la alfombra. Para ellos, el permanecer unidos y positivos era una prioridad, así que evitaban el conflicto a toda costa.

No me sorprendió descubrir que había habido varios casos de abusos sexuales dentro de la familia —aunque ella nunca los sufrió— y que era un tema tabú en la familia.

Después de varias sesiones, Marina comprendió que su manera de lidiar con los conflictos en casa era fruto de su herencia psíquica, y que lo único que conseguía así era sentirse mal. También se dio cuenta de que solo podría dejar atrás el resentimiento si arriesgaba la armonía familiar y le abría la puerta al diálogo y a la resolución de problemas.

Como consecuencia de esta nueva manera de afrontar los conflictos, la cultura dentro de su propio sistema familiar —marido e hijos— sanó. Marina y su familia aprendieron a solucionar sus problemas y no solo se sanaron a sí mismos, sino también a las generaciones futuras.

PERDONAR A TUS PADRES PARA LIBERARTE

Sé que el camino hasta llegar a este punto de autoconocimiento y de cambio ha sido duro. Seguramente, en el trayecto has descubierto cosas de ti y de tu vida que no han sido fáciles. Puede, incluso, que estés enfadado contigo mismo o con tus padres o cuidadores por no haber sabido hacerlo mejor. No obstante, es importante que sepas que para comenzar con la transformación hacia tu yo auténtico es esencial perdonar a tus padres o cuidadores para poder perdonarte a ti mismo.

Entiendo perfectamente cómo te sientes y sé que, aunque lo pasado, pasado está, el daño ya está hecho y que esas heridas son las culpables de que te esté costando tanto ser feliz hoy en día. Pero quiero que sepas que todos tenemos heridas de la niñez y que todos hemos sufrido experiencias que han condicionado nuestra felicidad.

También me gustaría decirte que lo único que podemos hacer para pasar página es sanarnos. Eso conlleva perdonar a nuestros padres o cuidadores —al fin y al cabo, lo hicieron lo mejor que supieron en el momento— y, luego, perdonarnos a nosotros mismos siendo conscientes de que también lo hicimos lo mejor que supimos.

Sí, de pequeños fuimos víctimas de nuestras circunstancias, pero es importante entender que nuestros padres y cuidadores también lo fueron en su día de las suyas. Ese condicionamiento ha sido el único responsable de que no supieran hacerlo como hubiésemos necesitado en su día. De la misma forma, si tienes hijos o pretendes tenerlos, lo harás lo mejor que sepas en ese momento y de acuerdo con tu nivel de consciencia.

Dentro de nuestro proceso de evolución —que es común a todos y cada uno de nosotros— existen muchos niveles de consciencia. Cada nivel supone una respuesta distinta a un mismo estímulo. En un nivel bajo de consciencia, la respuesta suele ser reactiva o, dicho de otra manera, instintiva. Sin embargo, en un nivel avanzado, la respuesta suele ser coherente con unos principios que, a su vez, están basados en un trabajo previo de autoconocimiento y en una tendencia al autocuidado.

Mi historia

Mi familia es un tanto entrometida. Sus miembros acostumbran a inmiscuirse y dar su opinión —aunque nadie se la haya pedido— sobre lo que los demás hacen o dejan de hacer. Esto algunas veces es invasivo e incómodo, pero otras es de mucha ayuda, pues están ahí para lo bueno y para lo malo, ofreciendo su apoyo desmedido. No hay punto intermedio: son capaces tanto de vetar tu conducta como de defenderte en cualquier situación.

Esto se debe a que, por desgracia, mi sistema familiar ha sufrido muchas pérdidas. Mis abuelos perdieron a dos hijos antes de morir. Mi madre, a dos hermanos y a su primer hijo. Por esta razón es una familia piña que acostumbra a sostener las vidas de los demás miembros si es necesario. Se trata de un mecanismo de defensa que surgió a raíz de todo lo vivido y se instaló como cultura familiar. Este aspecto puede llegar a ser buenísimo en momentos de necesidad, pero también un tanto incómodo en otras ocasiones.

Con veinte años, cuando recibía una dura crítica por parte de mi sistema familiar, solía reaccionar de manera instintiva y montar en cólera. Además, podía llegar a ser bastante despiadada con las palabras que dirigía a la persona que estuviese entrometiéndose en mi vida en ese momento.

Sin embargo, después de todo mi trabajo de autoconocimiento —ahora que soy consciente de esta dinámica de mi sistema familiar—, ya no reacciono ante las intromisiones, sino que respondo. Respondo poniendo límites, diciendo no y enseñándoles cómo tratarme. Y lo hago desde una profunda compasión porque entiendo el origen de la conducta.

Ante un mismo estímulo, mi yo de veinte años y mi yo actual responden de una manera completamente distinta porque el nivel de consciencia en un momento y en otro son muy diferentes. No obstante, ambos niveles son igual de legítimos. No me arrepiento de haber sido muy reactiva a los veinte. Honro ese nivel de consciencia, ya que, simplemente, no sabía reaccionar de otra manera.

Tanto si estás en un nivel como en otro, conviene que te trates con mucha paciencia: hay cosas que no entiendes hoy porque, simplemente, no estás preparado para comprenderlas aún, pero las acabarás captando más adelante a medida que vayas siendo más consciente. No puedes forzar subir de nivel porque ascender al próximo peldaño, o no, forma parte de tu proceso vital, que es único e irrepetible. Hay personas que están destinadas a subir solo un nivel, y otras, a subir hasta lo más alto. En cualquier caso, ningún nivel es motivo de crítica. Debemos honrar a cada individuo y su nivel de consciencia porque todos hemos estado ahí, en ese peldaño, porque el camino de evolución es el mismo para todos nosotros.

Si estás leyendo este libro, es posible que tus padres hayan estado toda la vida en un nivel de consciencia inferior al tuyo o que seas tú quien ha subido de nivel recientemente. Además, puede que, desde que te diste cuenta de lo que pasaba, hayas estado intentando que tus padres suban de nivel. Sea como sea, recuerda que no puedes forzar el cambio de consciencia de nadie, ni siquiera el tuyo.

El camino para estar en paz con ellos y contigo pasa por aprender a perdonarles por no ser capaces de ver las cosas como tú ni de hacer las cosas como necesitas que las hagan. Como dijo Tolstói: **«Comprenderlo todo es perdonarlo todo».** Perdonar no consiste en liberar al otro de la culpa, como se suele creer, sino a ti mismo del resentimiento. El perdón es un acto de liberación para contigo mismo.

Cuando no eres capaz de perdonar te quedas enganchado a la persona a la cual no has perdonado. Quizá esa persona ni siquiera sabe que le guardas resentimiento, ya que, en su día, te pidió perdón y se sintió liberado. Sin embargo, sigues albergando todo ese odio dentro. Sigues sufriendo. Cuando perdonas, te liberas de ese odio y dejas ir a la otra persona. Así que perdona, deja ir, libérate.

Ahora que tu nivel de consciencia con respecto a ti mismo y tus condicionamientos familiares es mayor, podrías elegir no sanar, pero eso sería perjudicial para ti mismo y para tus hijos, si es que los tienes. Antes de decidir qué camino seguir, detente por un instante y piensa que tanto tu descendencia como tú os merecéis disfrutar de tu mejor versión, de tu yo auténtico. Sanarte y liberarte de todo tu condicionamiento es el mayor regalo que te puedes hacer a ti mismo y a todo tu linaje. Solo así romperás con esas pesadas heridas familiares y tanto tú como ellos volaréis libres al fin.

Para conectar con la energía de la reconciliación, te invito a experimentar la siguiente meditación.

Meditación *ho'oponopono*

Ho'oponopono significa «corregir un error» o «hacer lo correcto». La meditación *ho'oponopono* se basa en un mantra de origen hawaiano cuyo objetivo es sanar con amor. Se trata de un rezo para perdonarnos y poder perdonar a los demás. Practicándola, aceptamos nuestra parte de responsabilidad en la vida que vivimos y mejoramos la compasión con nosotros mismos y con los demás.

Una vez has sintonizado con la vibración sanadora del *ho'oponopono,* te propongo un sencillo ejercicio para dar comienzo a tu transformación. Solo necesitarás papel, bolígrafo y un mechero.

1. Escríbete una carta a ti mismo diciéndote todo lo que necesitas escuchar y nunca te has dicho, y, luego, perdónate por no haber sabido gestionar mejor tus circunstancias. Cuando la termines, léela, quémala y, después, tira las cenizas por el retrete.

2. Escríbele una carta a tu padre, madre o cuidador diciéndole todo lo que necesitas decirle y, luego, perdónale por no haber sabido hacerlo como hubieses necesitado en el momento. Cuando la termines, léela, quémala y, después, tira las cenizas por el retrete.

5
Descubre tu auténtico yo

ALINEAR TUS TRES YOS

Tal vez te estás preguntando qué puedes hacer para descubrir tu yo auténtico, ese que todos llevamos dentro y que, muchas veces, ni siquiera sabemos cómo es. Para que lo mejor de ti salga a la luz, es necesario que converja tu yo emocional, tu yo racional y tu yo en acción. ¿Y en qué se traduce esto? En que tus emociones, tus pensamientos y tus acciones deben estar alineados.

El espacio común entre estas tres esferas de tu ser es donde habita tu yo auténtico.

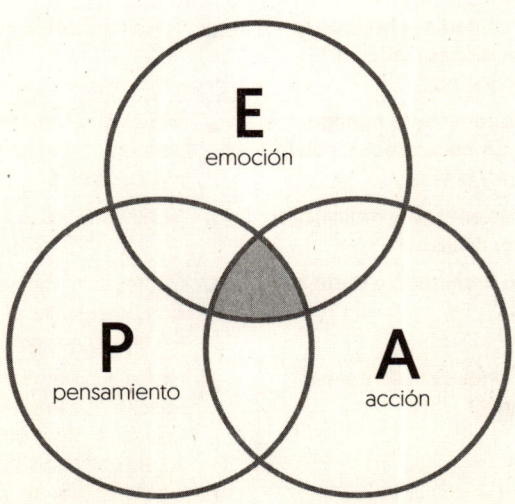

Para lograr que tus tres yos estén alineados, primero hay que quitar capas y capas de condicionamiento interno, es decir, debemos despedirnos de todas las creencias limitantes que nos han colonizado y de las heridas de nuestro niño interior. En palabras de la investigadora y escritora estadounidense Brené Brown, **«la autenticidad es la práctica diaria de librarnos de lo que creemos que deberíamos ser y abrazar lo que realmente somos»**.

A continuación, te ofrezco unas cuantas pistas para que averigües si estás alineado con tu yo genuino o si aún te queda camino por recorrer para que aflore toda tu originalidad.

CUANDO ESTÁS ALINEADO CON TU YO AUTÉNTICO...	**CUANDO NO ESTÁS ALINEADO CON TU YO AUTÉNTICO...**
✓ Sientes **paz interior**.	• Tienes un nivel de ansiedad alto.
✓ Sientes que estás donde tienes que estar.	• Tienes la sensación constante de no estar donde tienes que estar.
✓ Notas como tu magnetismo aumenta y atraes cosas y personas que son para ti.	• No inspiras credibilidad y confianza en los demás. Suelen llamarte veleta.
✓ Eres capaz de observar e interpretar lo que sucede a tu alrededor desde la calma.	• Tienes poca confianza en ti mismo.
✓ Sientes claridad a la hora de tomar decisiones. Sabes qué quieres y qué no.	• Te sientes perdido.
✓ Estás más conectado contigo mismo y tus necesidades; con la naturaleza y la vida.	• Tienes la sensación de estar desconectado de ti mismo y del fluir de la vida.
✓ Tienes más energía y motivación para hacer cosas.	• Te autosaboteas.
✓ Te sientes impulsado a darte a los demás.	• Sientes confusión en cuanto a lo que quieres hacer con tu vida y el camino a seguir.
✓ Tus relaciones se vuelven más conscientes.	• No eres capaz de construir relaciones sanas. A veces sientes una cosa; otras, otra. Lo mismo sucede con todo proyecto en el que te embarcas.

✓ Te sientes preparado para comprometerte a largo plazo con **personas** y **proyectos adecuados**.	• Eres reacio a comprometerte a largo plazo con personas y proyectos.

LO QUE LAS RELACIONES TÓXICAS DICEN DE TI

Uno de los síntomas más comunes de que no estás alineado con tu yo auténtico es tener relaciones tóxicas. Una persona tóxica es aquella que siente una cosa, piensa otra y hace otra distinta a lo que acaba de pensar. La emoción está íntimamente vinculada a la acción porque siempre hacemos lo que sentimos. Sin embargo, el pensamiento es la historia que nos contamos sobre lo que estamos sintiendo o lo que estamos haciendo.

Por un lado, existen los **buenos historiadores,** esas personas bien informadas que se limitan a interpretar los hechos en base a la información que poseen. Pero, por otro lado, tenemos a los **malos historiadores**, aquellas personas que no están bien informadas o que juzgan como mala una información que tienen acerca de sí mismos. Suelen interpretar los hechos con el rasero de la desinformación o de su propio juicio, por lo tanto, tienden a contar historias que no se corresponden con la verdad. Las **personas tóxicas** pertenecen a este último grupo.

Cuanto menos conocen sus emociones, sus creencias, sus heridas o cuanto más se juzgan como malos, menos probable es que las personas tóxicas acierten con la historia que se cuentan y que comparten con el mundo. Por este motivo es típico que esta clase de personas digan una cosa y hagan otra. Pero, como dice la célebre frase **«los actos hablan más alto que las palabras»,** la clave para lidiar con una persona tóxica es prestar atención únicamente a lo que hace. Ahí es donde reside la verdad.

No obstante, antes de caer nosotros mismos en el error de juzgar negativamente a este tipo de personas, debemos tener muy presente que no son tóxicos porque quieren. Para dejar de serlo, solo necesitan conocerse más y dejar de juzgarse como malos. La pieza que les falta para poder contar la historia verdadera sobre ellos mismos reside en ver y reconocer una parte poco iluminada de su ser y en validarla.

EL CASO DE ANA

Ana llegó a mi consulta porque quería olvidarse de un chico con el que había estado saliendo durante dos meses. Todo había empezado de maravilla.

Llevaba dos años separada de su marido, con el que tenía una hija. Había sido una época muy difícil porque su exmarido había intentado poner a su hija en contra de ella en numerosas ocasiones. Habían sido unos años muy traumáticos para ella, y por fin, se sentía ilusionada otra vez. Sentía que había encontrado de nuevo el amor.

El tiempo fue pasando, y una relación que había comenzado intensamente cada vez se volvía más distante. Llevaban varias semanas sin verse y varios días sin hablar. Las excusas eran infinitas y de todos los colores y eso hacía sentir muy mal a Ana. Estaba desesperada. Sentía mucha impotencia por no poder entablar contacto con él: necesitaba respuestas.

Al cabo de un par de sesiones me contó que había conseguido hablar con él y le había contado que, al parecer, había tenido un par de semanas con viajes de trabajo constantes y que sentía mucho no haber hablado con ella. Le dijo que le gustaba mucho y que estaba deseando volver a verla.

Sin embargo, nunca proponía una fecha para el encuentro ni se comprometía a verse un día en particular. Solía decirle que hablarían más adelante para concretar el momento de la cita, pero esa llamada nunca llegaba. Ana se sentía molesta y no entendía cómo podía decirle que le gustaba y que estaba deseando estar con ella y luego no hacer nada para verla. Esa actitud no tenía ningún sentido.

Tras dos sesiones más, Ana entendió que se trataba de una persona tóxica y, al cabo de otro par de sesiones, reunió la voluntad necesaria para alejarse de él.

El caso de Ana es un ejemplo perfecto de relación tóxica. Por un lado, el chico le decía que estaba deseando verla y que le gustaba muchísimo, sin embargo, nunca se comprometía a encontrarse con ella. Si nos fijamos únicamente en los hechos y descartamos las palabras, podemos observar a una persona sin interés real en conocer a Ana, una persona tóxica.

Seguramente, él, por su lado, estaba experimentando mucha confusión. No quería verla, pero le decía cosas para que ella siguiese esperando. Es probable que el chico no fuera consciente de que su miedo a estar solo era lo que le impulsaba a intentar mantener a Ana enganchada. O quizá Ana era una chica tan maravillosa que se sentía obligado a que le gustara, aunque, en realidad, no fuera así. Tanto si era por miedo como por no aceptar sus emociones reales por ella, podemos ver de forma clara que hay un punto ciego de su ser que fallaba en ver o aceptar.

No obstante, no era labor de Ana ayudarle a ser consciente de esa zona oscura de su personalidad. Hay que comprender que el cambio comienza por uno mismo y que sucede en el momento preciso en el que estamos preparados para ver lo que necesitamos ver de nosotros mismos. Nadie puede comenzar el cambio por ti.

PERDERTE Y ENCONTRARTE UNA Y MIL VECES

Todos pasamos por momentos en la vida en los que nos desalineamos, pero, tranquilo, no desesperes. Esos momentos también forman parte de nuestra evolución. Precisamente, la incomodidad de no estar siendo la mejor versión de nosotros mismos es lo que motiva que iniciemos este cambio. De repente, sentimos que lo que somos en ese momento no nos sirve y necesitamos transitar hacia otra versión más avanzada para sentirnos bien de nuevo.

Aun así, el camino de la transformación no es un recorrido fácil. Muchas veces oímos a alguien decir: «¡Por fin se ha encontrado!», pero no, no se trata de un encuentro. El camino del cambio no es una escalada que hacemos solo una vez en la vida y, ya en la cima, acampamos allí para siempre. La transformación consiste, precisamente, en perderse y encontrarse una y otra vez siendo consciente de que cada vez que te pierdes estás evolucionando.

No hay que tener miedo a desorientarnos por el camino. Perderse no es otra cosa que haber superado ciertas creencias que has llevado contigo durante muchísimos años y que ahora sientes que te limitan. Perderse es haberse superado a uno mismo y encontrarse no es otra cosa que saber identificar esas creencias, querer cambiarlas y transformarte en una nueva versión mejorada de ti mismo.

Yo me he perdido y encontrado varias veces a lo largo de mi vida. Esos extravíos me han ayudado a asimilar que seguirá siendo así el resto de mis días: me seguiré desalineando y alineando continuamente. Es cierto que la primera vez que te pierdes es la más difícil de gestionar porque no dispones de las herramientas necesarias para volver a encontrarte y eso asusta. Sin embargo, las siguientes veces que te desorientas son menos traumáticas: ya has aprendido a ser flexible y a transitar de un yo a otro. A partir de tus propias experiencias, has interiorizado el significado de la palabra *evolución*.

LA LLAMADA DEL CAMBIO

Si estás leyendo estas páginas ahora, seguramente es porque te has dado cuenta de que algún aspecto de tu manera de estar en el mundo ya no te sirve. Sientes una llamada interior y, de pronto, estás preparado para dar el salto hacia tu yo auténtico.

Es posible que te esté resultando muy difícil dejar atrás ese antiguo yo y esas creencias del pasado con las que tanto te identificabas. Quizá te estarás preguntando: «¿Seré yo el problema?», «¿Y si se trata solo de una racha y luego se me pasa?». Si ese es tu caso, si te pasas el día repitiéndole a tu subconsciente que el problema eres tú, que hay algo que no está bien dentro de ti y que lo que sientes y necesitas no tiene sentido, en realidad, lo que te estás diciendo es que no eres suficiente. Ten presente que resistirte a tu evolución te embarca en una lucha contigo mismo que solo te conducirá al angustioso camino del estrés y de la baja autoestima.

Aun así, puede que te siga pareciendo más fácil seguir con el piloto automático encendido que cambiar (total, es a lo que estás acostumbrado, llevas años haciéndolo y nunca has tenido ni medio problema). Y es que hacer caso omiso a tu vocecita interior, esa que te llama a evolucionar, puede parecer pan comido, pero a la larga no es así.

Déjame explicártelo con una analogía. A lo largo de los años, has ido llenando tu casa de objetos de todo tipo: regalos; recuerdos; cosas que fueron útiles en su día, pero ya no lo son; aquello que te regaló tu madre hace años asegurándote que te iba a salvar la vida y aún sigues preguntándote para qué demonios sirve... Has acumulado tantas y tantas cosas que ya no tienes sitio para moverte con fluidez por tu espacio. Tropiezas sin parar con ese montón de cajas, bolsas y embalajes de todo tipo e incluso has acabado con la uña del dedo gordo del pie negra de tanto chocarte. Moverte por el interior de tu casa se ha convertido en una misión imposible, en un infierno y, aun así, no te decides a buscar una solución.

Un buen día, alguien llama a tu puerta. Extrañado, preguntas quién es y una vocecilla tímida pero firme te responde:

—¡Hola, soy tu evolución!

Dudas por un instante y prosigues el interrogatorio.

—¿Y para qué has venido? —inquieres.

—Para ayudarte a hacer sitio en casa. Te veo un poco incómodo —responde con su mejor predisposición tu evolución.

Como quien quiere quitarse de encima a un vendedor pesado, le contestas:

—¡Ah, no! Si en realidad estoy bien..., no me haces falta. Además, ¿a qué te refieres con hacer sitio? Todo lo que tengo lleva conmigo toda la vida y aún me sirve. ¡A ver si no me va a gustar cómo me dejas la casa después! ¡Menudo lío! Mejor me quedo como estoy, que ya sé dónde está cada cosa. Sorpresas, las justas.

Pero tu evolución no se va a ninguna parte. Se queda ahí, día tras día, llamando al timbre y golpeando a tu puerta a todas horas. Para desconectar del ruido atronador, empiezas a buscar soluciones: pones música a todo volumen, pruebas con unos tapones de oídos que dicen que van fenomenal..., pero nada de eso sirve. Desesperado, intentas persuadir a tu evolución para que se marche ofreciéndole cosas a cambio, pero tampoco funciona. Lo único que consigues es llegar al límite de tu estrés y ponerte de los nervios.

Lo que te quiero explicar con esta historieta es que, en el mismo instante en el que la voz de la evolución llama a tu puerta, te haces consciente de que volver a sentirte bien depende exclusivamente de ti. Así que, querida/querido, deja de gastar energía en ignorarla: es hora de abrirle porque no tiene intención de ir a ninguna parte.

Hay una única razón por la que decidimos no abrir la puerta a nuestra evolución: por miedo. En general, nos han enseñado a hacer caso a la razón antes que al corazón, y la realidad es que hay que prestar atención a los dos. La razón —o lo que es lo mismo, la mente— está ahí para protegernos, y el corazón, para impulsarnos. Es como si la mente tuviese miedo, y el corazón, ganas.

El truco para lograr que mente y corazón se entiendan es conseguir que la mente reconozca las necesidades del corazón. Nuestra cabeza tiene que ser capaz de dar con soluciones razonables para satisfacer al corazón y garantizar nuestro bienestar interno. Solo apoyando las necesidades del corazón podemos nutrir nuestra felicidad y nuestra evolución.

6
Sortear los obstáculos de tu evolución

LA LUCHA ENTRE MENTE Y CORAZÓN

Quizá, después de dar los primeros pasos por el camino de la transformación, te has dado cuenta de que, a veces, recorrerlo no es tan fácil como parece. Respira hondo y mantén la calma. Ya has cruzado las puertas de tu evolución, así que no te preocupes: el guía infalible a lo largo de toda esta aventura va a ser tu corazón. Como expresó Antoine de Saint-Exupéry en *El principito:* «**He aquí mi secreto, que no puede ser más simple: solo con el corazón se puede ver bien; lo esencial es invisible a los ojos**».

Puede que, aun así, sigas sintiéndote intranquilo, pero respira hondo; a continuación, encontrarás una guía de viaje con dos simples pasos que te ayudarán en el camino hacia tu yo auténtico.

1

El primer paso para alcanzar tu yo auténtico es **aprender a diferenciar entre la voz del corazón y la voz de la mente.**

Todos hemos oído hablar muchas veces de la diferencia entre ambos. Resumiéndolo mucho:

Mente = miedo

Corazón = amor

Efectivamente, somos seres duales. Esto es así porque tenemos que sobrevivir en el mundo al tiempo que nos desarrollamos. Por un lado, necesitamos una voz que nos impulse a experimentar cosas que nos hagan evolucionar, pero, por otro, necesitamos una voz que nos proteja y nos mantenga a salvo.

Hay grandes diferencias entre una voz y otra.

	MENTE		**CORAZÓN**
🧠	Voz aguafiestas: enumera una por una todas las cosas que pueden salir mal.	♡	Voz aprendiz: quiere probar cosas nuevas y desconocidas.
🧠	Intenta adivinar el futuro (siempre trágico) que nos espera.	♡	Está abierta a todo lo que pueda suceder.
🧠	Está vinculada al futuro o al pasado y, por tanto, provoca angustia y estrés.	♡	Está anclada en el presente, por tanto, nos hace vibrar y aprender.

Mi historia

Recuerdo mi último año de instituto. Ya se acercaban los exámenes finales y debía elegir qué iba a estudiar en la universidad. Tenía muy claro que quería irme a Madrid a vivir, pero aún no sabía qué carrera elegir. Me debatía entre Psicología y Arquitectura. En realidad, Psicología era la que me interesaba genuinamente, pero sentía que debía cursar Arquitectura para que mi padre estuviese orgulloso de mí.

La prueba de orientación laboral que nos hicieron en clase desveló que mi vocación eran todas las disciplinas que estudiaban al ser humano, su pensamiento y sus relaciones: psicología, sociología, antropología, filosofía...

Como me sentía confundida, decidí consultarlo con el psicólogo del instituto. Él, con todo el amor del mundo y pensando que hacía lo correcto, me dijo: «Claudia, querida, has vivido mucha inestabilidad a lo largo de tu infancia y juventud, necesitas una carrera que te aporte estabilidad y Psicología no lo hará. Estudia Arquitectura». Así que le hice caso.

Comencé Arquitectura, pero a los cuatro días de empezar las clases comprendí que no era lo mío. Me sentía como una extraña en un lugar al que no pertenecía y decidí dejarla. Después de tomar esa difícil decisión, me pasé dos años desorientada y dando tumbos: cambié a Paisajismo; luego, a Diseño Gráfico, hasta que, finalmente, me replanteé la opción de estudiar Psicología.

Recuerdo a la perfección el camino hacia la Universidad Complutense de Madrid para ver si había plazas. Mi mente no dejaba de repetirme la misma perorata inacabable: «¡Psicología no tiene salidas! ¡Te vas a morir de hambre!

Además, tu hermana Eugenia ya estudia Psicología, ¡qué poco original! ¡Tienes que ser diferente!, si no, ¿cómo vas a destacar en la familia?». Cuando me planté ante el listado de carreras y vi que Psicología estaba completa, mi mente exclamó: «¡Gracias a Dios no quedan plazas!». Entonces decidí que estudiaría Derecho. Y eso hice.

Después de licenciarme, me fui a Boston a estudiar un máster en Derecho Americano. En Estados Unidos, la voz de mi corazón volvió a llamar a mi puerta y me animó a profundizar en el campo de la mediación. Al menos, dentro del ámbito del derecho era lo que más se acercaba a las relaciones entre seres humanos.

Cuando acabé el máster —en parte porque tenía muchas ganas de experimentar y en parte porque había conocido a mi entonces novio—, me mudé con él a Nueva York. Allí tuve varios trabajos muy distintos entre sí, hasta que mi corazón se plantó y dijo basta. Era hora de poner foco y dedicarme a lo que realmente quería. Comencé a investigar sobre doctorados en Psicología que pudiese estudiar en Estados Unidos, pero era un compromiso de muchos años y una inversión económica que no me podía permitir, así que decidí volver a España.

Con la perspectiva de los años, veo que la razón primordial por la que decidí regresar a España fue que sentía que mi etapa en el extranjero y todo lo que conllevaba había acabado. Me había dejado llevar durante tres años y había ido hacia donde el viento me llevaba. Sí, habían sido los tres años más felices de mi vida hasta el momento, pero había llegado la hora de construir mi futuro y sabía que mi futuro estaba en España.

Con todo el dolor de mi corazón, rompí con mi pareja y, curiosamente, fue el dolor de la ruptura lo que me llevó a abrir la puerta a mi evolución. Para poder sanarme a mí misma, emprendí mi formación como coach *sin saber que ese iba a ser el principio de un largo viaje. Esa gran aventura aún perdura y no quiero que acabe nunca: es el viaje hacia mi yo auténtico.*

Aunque en mi camino hubo muchas idas y venidas, la realidad es que, por suerte, la voz de mi corazón nunca se dio por vencida. Encontraba cualquier oportunidad para recordarme que mi camino era ayudar a los demás en su relación consigo mismos y en sus relaciones con los demás. Sin embargo, mi mente tardó un poco más en encontrar una solución a lo que mi corazón demandaba y aceptar lo que estaba sucediendo. Finalmente, fue mi propio corazón el que tomó el control de la situación y rompió con todo para comenzar a construir desde cero.

Me llevó mucho tiempo entender por qué había hecho lo que había hecho de una manera tan radical si, encima, me había generado muchísimo dolor. Durante una época pensé que lo había hecho por miedo, hasta que fui consciente de que las decisiones que nacen del miedo tienden a la permanencia, al inmovilismo, al me quedo como estoy. Por el contrario, las decisiones que vienen del corazón apuestan por el cambio, por avanzar.

Hay veces que la voz del corazón te pide hacer cosas muy diferentes a las que sueles hacer o tienes planeadas, incluso cosas que pueden causarte mucho dolor porque suponen tener que romper con lo conocido, con personas, lugares, creencias… Que la voz de tu corazón sea rompedora no quiere decir que esté loca, simplemente, que no entiende de apegos, solo de crecimiento. El corazón entiende en un segundo lo que la mente tarda años en procesar. Tal y como señala el escritor Yung Pueblo: «**El amor no duele, el apego sí**».

El dolor es una ilusión de la mente, sin embargo, tendemos a pensar que el dolor viene del corazón, pero no es así. Por ejemplo, cuando experimentamos una ruptura y comienza el duelo, pensamos que el dolor que sentimos es producto del amor que nuestra pareja y nosotros nos profesábamos. De hecho, consideramos que la intensidad del dolor es directamente proporcional a la intensidad del amor que en su día sentimos por esa pareja. Pero la realidad es bien distinta.

En realidad, el dolor que sentimos es directamente proporcional al apego que sentimos por nuestra pareja. El duelo no es otra cosa que el proceso que necesitamos atravesar para aceptar la pérdida de la persona. Podría decirse que el duelo es el paso previo a comenzar de nuevo. Sentimos apego por todo lo que conllevaba nuestra pareja (planes de futuro, costumbres, sensaciones…) e hicimos que nuestra felicidad dependiera de todas esas sensaciones. En algún momento de la relación, nuestra mente asoció todos esos planes, costumbres y sensaciones a nuestra pareja, y esa vinculación originó el apego a nuestra pareja. Por tanto, sufrimos porque, de repente, no tenemos algo que queremos y de lo que depende nuestra felicidad.

Por lo tanto, debemos tener claro que la mente es la causante del dolor y no el corazón. El corazón —y el amor que este desprende— es libre y puro en su forma: no depende de nada ni de nadie. El amor reside en nuestro interior y se proyecta hacia fuera, de manera que simplemente está, no viene ni va, solo se manifiesta como una pequeña llama que no se apaga nunca.

Si sientes o has sentido apego por alguien o algo —sea pensamiento o cosa—, no te agobies. Es posible practicar el desapego para lograr seguir los dictados de tu corazón. Primero tienes que ser consciente de que sientes apego y, luego, aprender a encontrar la felicidad en el aquí y ahora en vez de hacerla depender de algo o alguien.

SORTEAR LOS OBSTÁCULOS DE TU EVOLUCIÓN

Ese aquí y ahora implica cambio, movilidad, crecimiento y posibilidad. Puede que apuestes por un camino hoy porque pienses que ahí se encuentra la felicidad y, mañana mismo, puedes sentir que ya no está en ese camino. Al igual que la vida es cambio, nosotros también lo somos y nuestras necesidades van variando a lo largo del tiempo. En el momento en el que aceptamos que somos seres cambiantes, es más fácil desapegarnos de lo que un día fue y ya no es. Ser feliz parece complicado, pero reside en la simpleza de aceptar lo que tenemos en el presente.

La clave está, en definitiva, en saber que el corazón nunca te va a pedir que hagas algo que no necesites. El corazón es sabio y conoce perfectamente hacia dónde tiene que ir para alinearse, evolucionar y hacer brillar a tu auténtico yo. Por ello, te invito a que te fíes más de él, a que lo escuches siempre, pase lo que pase. Y, si sientes vértigo, recuerda que tienes a la mente para echarte un cable y encontrar la mejor manera de seguir el camino desde un lugar seguro y razonable.

LAS LIMITACIONES DE LA RAZÓN

2

El segundo paso para apoyar nuestra felicidad es **saber identificar si la mente nos está protegiendo o, por el contrario, nos está limitando.** La intención de la mente siempre es protegernos, pero, muchas veces, se trata de una protección desmedida, irracional, asfixiante. Esto sucede especialmente cuando conecta con una experiencia dolorosa del pasado y se convierte en una limitación innecesaria. Si la razón nos está cuidando a su manera, es importante hacer el análisis de cuál es nuestro miedo real (si lo deseas, puedes ayudarte del ejercicio de las páginas 35-37 para identificar tu miedo). Si vemos claro que nos está limitando, es hora de cambiar la creencia limitante por otra poderosa y echar a volar, como hemos visto al principio del libro (puedes refrescar el proceso Dickens yendo a la página 55).

A la hora de cambiar una creencia limitante, nos podemos encontrar con tres grandes obstáculos: la **lealtad** hacia la creencia y lo que representa; cuánto nos **identificamos** con ella y el **hábito** que hemos construido a su alrededor. Vamos a verlas con más detalle.

- **Lealtad**

    Hay creencias que hemos ido heredando de nuestro linaje familiar. Ser fieles a estos principios, valores o costumbres —por ejemplo, a una tradición religiosa— nos conecta con nuestra familia y nos hace sentir que pertenecemos al grupo.

    Cuando llega el momento de cambiar alguno de esos valores, experimentamos la sensación de estar apartándonos del grupo y de ir a contracorriente. Sí, ser diferente a tu familia puede llegar a ser muy difícil. Es una empresa solo para valientes que requiere de mucho valor y convicción para mantenerse firme.

    Si en algún momento del camino flaqueas, solo recuerda que tú no eres tu familia, eres tú, un individuo con su propia vida y sus inquietudes, y que, si cambias de principios, no necesariamente vas a dejar de pertenecer al grupo ni el grupo va a dejar de aceptarte. Solo rompiendo con tu condicionamiento interno, con lo que te inculcaron de pequeño puedes llegar a tu yo auténtico y conseguir que lo mejor de ti salga a luz.

- **Identificación**

    Existen creencias con las que sentimos un nivel de identificación muy alto porque han servido de base para muchas de las decisiones que hemos tomado en nuestra vida.

    Son creencias que forman parte de nuestra identidad y personalidad, y que han moldeado toda nuestra realidad. Por este motivo es normal sentir que, si una de esas creencias cae, la vida que hemos construido dejará de tener sentido de repente y se derrumbará.

    Sin embargo, te propongo que le des la vuelta a la tortilla: ¿no crees que mantener un castillo de naipes en pie cuando los cimientos se tambalean conlleva mucho esfuerzo y estrés? Muchas veces es mejor pararse a reflexionar por un instante, dejar que el castillo caiga y empezar a construir de cero.

- **Hábito**

    Otro de los obstáculos que podemos encontrar a la hora de cambiar nuestras creencias es el hábito que hemos creado alrededor de ellas. Romper con un hábito y crear otro nuevo es tan retador como necesario.

    Para conseguir cambiar un hábito desalineado con quien tú eres por otro que realmente vaya contigo te sugiero que:

    1. Identifiques qué te falta para alinearte con tu yo auténtico.
    2. Localices qué hábito debes cambiar para alinearte con tu yo auténtico y lo cambies por otro que sí apoye a tu yo auténtico.
    3. Des la cara cada día por tu yo auténtico.

Pero antes de embarcarte en esta misión, debes entender cómo funciona el bucle del hábito. Veámoslo con un ejemplo. Un hábito sería «cuando estoy sola y aburrida, suelo encenderme un cigarro».

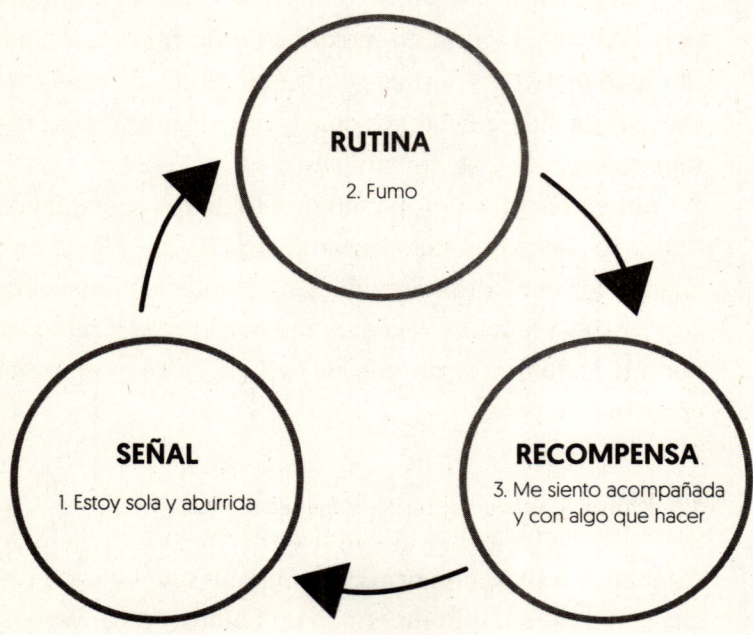

Si para alinearme con mi yo auténtico necesito llevar una vida más consciente —y eso significa ser más consciente también de mi salud y del cuidado de mi cuerpo—, fumar es un hábito que me aleja de mi yo auténtico y, por tanto, quiero cambiarlo.

Para que entres en contacto con tus hábitos te propongo que hagas el siguiente ejercicio. Puedes responder a las preguntas aquí mismo.

1. ¿Qué te falta para alinearte con tu yo auténtico?

2. ¿Qué hábito debes cambiar para alinearte con él?

3. Analiza el hábito que quieres cambiar y rellena el bucle del hábito para saber cómo funciona.

RUTINA	SEÑAL	RECOMPENSA
....	....	....
....	....	....
....	....	....
....	....	....
....	....	....
....	....	....
....	....	....
....	....	....
....	....	....
....	....	....
....		

4. ¿Qué rutina que apoye a tu yo auténtico va a sustituir a la anterior? Ten en cuenta que debes mantener la señal y la recompensa tal y como están ahora y que solo debes cambiar la rutina.

....

....

....

....

....

....

....

A veces, dar con la señal —es decir, averiguar qué es lo que desencadena ese hábito— puede ser una tarea difícil. Si ese es tu caso, te propongo que, durante los próximos días, cuando lleves a cabo el hábito que quieres cambiar, te hagas las siguientes preguntas:

1. ¿Dónde estás?
2. ¿Qué hora es?
3. ¿Cuál es tu estado emocional?
4. ¿Quién está a tu alrededor?
5. ¿Qué acción ha precedido al impulso?

La respuesta que más se repita será tu señal.

Ahora que ya sabes el hábito que quieres cambiar, vamos a ver qué necesitamos para modificarlo. Se puede resumir en tres sencillos pasos:

1. **Seguir satisfaciendo la necesidad** por la que se creó el hábito (no podemos obviar que sigue existiendo sin más).

2. **Buscar una rutina que apoye nuestro objetivo,** pero que siga recompensándonos de la misma forma que la rutina antigua.

    Siguiendo con el ejemplo del cigarro, elegir meditar o hacer ejercicio cada vez que me sienta sola y aburrida es una buena alternativa a fumar. Ambas son prácticas que me ayudan a conectar con mi cuerpo y conmigo misma (ya no me siento sola) y, a la vez, son rutinas alineadas con mi yo auténtico (llevar una vida más consciente).

3. **Ser consistente.** Según un estudio del University College de Londres, para crear un nuevo hábito necesitas alrededor de 66 días. Un hábito llega a serlo por repetición, de manera que, para eliminar el viejo e implantar el nuevo, necesitas tiempo y constancia.

    Además de a la consistencia, me gustaría apelar a la compasión. En ocasiones, es muy difícil cambiar algunos hábitos que están muy arraigados en nosotros. Por ello es importante tratar de cambiarlos desde un lugar de amor y compasión hacia ti mismo. No se trata de que te castigues cada vez que fallas, sino de que te alientes a intentarlo una y otra vez hasta crear el nuevo hábito. No te machaques, apóyate en el camino.

    Algo que puedes hacer para reforzarte día a día es buscar afirmaciones que te motiven. Tener presente estas afirmaciones a lo largo del día puede marcar la diferencia en el resultado a la hora de afianzar estos nuevos hábitos.

Piensa en lo que necesitas decirte a ti mismo en los momentos de flaqueza para ganar la fuerza que te hace falta para continuar. Luego, escribe esas ideas poderosas en un pósit y pégalas en algún sitio que veas a menudo, por ejemplo, en el espejo del cuarto de baño, en la pantalla del ordenador o en la nevera. Si te animas, también puedes introducirlo como mantra en tu meditación diaria.

Es importante que te hagas consciente de lo que te dices durante el proceso de cambio de hábito y que lo modifiques por una afirmación amorosa. Ten en cuenta que las afirmaciones son grandes aliadas para crear un diálogo interno positivo.

Por ejemplo, si me digo a mí misma «no soy capaz», voy a cambiar esta afirmación por otra que la contrarreste, como «Soy capaz de todo lo que me propongo». De este modo, la tendré presente en mi vida y estaré contribuyendo de manera activa a que florezca mi auténtico yo.

TERCERA PARTE

Disfruta cuidando de ti

*A*hora que estás disfrutando de este viaje apasionante hacia tu yo más puro y experimentando todo tipo de sensaciones, es muy importante que tengas presente algo esencial: a lo largo del trabajo de autoconocimiento y sanación debes cuidarte con mucho cariño y proteger tu energía. Cuando hablo de autocuidado no me refiero a otra cosa que al conjunto de prácticas que te ayudan a salvaguardar tu paz interna. En palabras de la escritora y bloguera Katie Reed, **«el autocuidado es darle al mundo lo mejor de ti, en lugar de lo que queda de ti»**.

Es una obviedad que todo lo que haces en tu día a día requiere una inversión de energía. Sin embargo, hay una diferencia abismal entre una inversión y un despilfarro de energía. Esta parte del libro está especialmente diseñada para que aprendas a controlar tu inversión de energía y evites el despilfarro.

Pensar en nosotros como si fuésemos un vaso y el agua que contiene fuese el nivel de energía que poseemos puede ayudarnos a equilibrar el gasto de energía. De alguna manera, nuestro objetivo es intentar que el vaso de agua se conserve cuanto más lleno, mejor. Para eso, hay que controlar la salida de agua y fomentar su entrada.

La salida de energía

Es la energía que yo doy al mundo.

La entrada de energía

Hay tres vías para obtenerla:

1. La energía **autogenerada.**
   Se trata de mi diálogo interno. Lo que me digo y cómo me lo digo.

2. La energía resultante de mi **interacción con los demás.**
   Se trata de mi relación con los demás. Cómo interpreto lo que los demás me dan y cómo lo gestiono.

3. La energía resultante de mi **interacción con la vida.**
   Se trata de mi relación con el medio. Cómo interpreto lo que la vida me trae y cómo lo gestiono.

Dependiendo de cómo controles estas entradas y salidas de energía, conservarás un vaso de agua medio lleno o medio vacío. Si el vaso de agua está medio vacío, aportarás al mundo energía de carencia. Pero si el vaso está lleno, tu energía será de abundancia.

7

El poder de tu energía

HÁBLATE BONITO

Ya hemos visto que el corazón y la mente muchas veces son polos opuestos, pero ahora vamos a profundizar en cómo se relacionan y, en particular, en cómo dialogan.

El diálogo interior es la principal fuente generadora de energía interna y de ella depende gran parte de nuestro bienestar. Al fin y al cabo, **«nuestro cuerpo escucha todo lo que dice nuestra mente»,** como dice Naomi Judd.

Si nuestro diálogo interno es negativo, la energía que generamos es negativa o de carencia. Si, por el contrario, nuestro diálogo es positivo, la energía que generamos es positiva o de abundancia. ¿Pero qué quiere decir exactamente un diálogo interno positivo? Nada más y nada menos que una conversación basada en la compasión, es decir, en la capacidad para conmoverte con tu propio dolor y sufrimiento y de sentir el impulso de aliviarlo.

Tu yo crítico y tu yo criticado

Seguro que sabes que la voz de nuestra mente puede llegar a ser bastante crítica, tanto que podríamos llamarla tu *yo crítico*. Por el contrario, la voz de tu corazón sería tu yo criticado. Como hemos visto anteriormente, la voz de tu mente quiere mantenerte a salvo y la voz de tu corazón quiere impulsarte a hacer cosas nuevas. Esas posturas opuestas hacen que mantengan un diálogo o negociación constante a la hora de tomar decisiones.

¿Pero de dónde nace nuestra voz crítica realmente? ¿Por qué sabe qué decirte y cómo decírtelo para crear impacto? La voz crítica se desarrolla en la infancia y es una réplica de la voz de tus padres o cuidadores. El diálogo interno es un plagio del diálogo que tenían tus progenitores contigo cuando eras pequeño.

Me gustaría que lo miraras de la siguiente forma: naciste siendo tu versión más pura —como un lienzo en blanco— y, a medida que fuiste creciendo, aprendiste a condicionar ciertos aspectos de tu personalidad para sentirte aceptado en tu entorno familiar.

Este condicionamiento comenzó de la mano de tus padres o cuidadores. «Deja de hacer esto o me voy a enfadar»; «deja de decir aquello, me hace sentir mal»; «ser así no está bien»… Pero, con el tiempo, tú mismo te has encargado de seguir reforzando ese condicionamiento. Ahora eres tú y no tus padres quien se repite una y otra vez lo que haces mal. Así pues, podemos afirmar que tu yo criticado es la voz de tu corazón, pero también es la de tu niño interior herido. De la misma manera, tu yo crítico es la voz de tu mente, pero también de tu condicionamiento.

Las cualidades del diálogo que oímos continuamente en nuestro interior nacen en la infancia. Si cuando eras pequeño, te criaste con unos padres o cuidadores que se dirigían a ti de manera compasiva, probablemente tu diálogo interno sea positivo. Si, por el contrario, contaste con unos padres o cuidadores exigentes, probablemente, tu diálogo interno sea negativo.

Los hijos de padres compasivos suelen convertirse en adultos más seguros, resilientes e inclinados al crecimiento personal que los hijos de padres exigentes. Sin embargo, los hijos de padres exigentes suelen convertirse en niños y adultos perfeccionistas.

El perfeccionismo, a su vez, desemboca en una baja autoestima, ya que no importa lo mucho que luches por conseguir la perfección: esta no existe. Cada vez que estas personas descubren un nuevo defecto que los aleja de sus ideales perfeccionistas, se sienten más y más insatisfechos consigo mismos. Numerosas investigaciones afirman que las personas perfeccionistas son más propensas a sufrir trastornos de la alimentación, ansiedad y depresión que las que no lo son.

Por norma general, las personas queremos que nos conozcan por nuestras creencias y por nuestra percepción de nosotros mismos. Queremos que la opinión que tenemos acerca de nosotros mismos sea validada porque eso nos da sensación de seguridad y control. Por esta razón, tendemos a escoger parejas que nos ven como nosotros nos vemos a nosotros mismos. Pero con los adultos perfeccionistas la historia cambia. Ellos se enfrentan a un gran dilema a la hora de elegir pareja porque se sienten atraídos por personas críticas que reafirman su baja autoestima. La certeza del rechazo hace de la relación una experiencia tremendamente familiar y eso les genera sensación de estabilidad.

Para aplacar nuestra parte más crítica es importante entender que si fuésemos perfectos, no seríamos humanos, porque la cualidad más esencial del ser humano es la imperfección. La imperfección es una maravilla en constante desarrollo y significa esfuerzo, decepción y error, pero también felicidad, realización y aprendizaje. Ser humano significa ser imperfecto y tener la capacidad de evolucionar. A su vez, tener la posibilidad de elegir seguir creciendo o no te hace libre.

Pero tu voz crítica no es tan fácil de silenciar. Habla como si pudiese controlar la personalidad de tu yo criticado. No obstante, esto no funciona así. Somos el resultado de millones de factores que han conspirado para darnos forma, entre ellos, nuestros genes, nuestra familia, nuestras experiencias, nuestras relaciones, nuestra cultura, nuestro bagaje económico y social… En resumen, centenares de aspectos sobre los que no tenemos el control. Sin embargo, el crítico —la mente— sigue machacando al criticado —el corazón—, como si más dureza y más juicios fueran a cambiar su forma de ser.

La clave para ser más amorosos con nosotros mismos y dejar la crítica a un lado es la compasión, es decir, la capacidad de ver lo que es, aceptarlo y amarlo. Afortunadamente, hemos venido a este mundo en un vehículo único y debemos honrarlo amándolo con sus luces y sus sombras, tal cual es.

Mi historia

Sí, yo también fui hija de padres exigentes y, como tal, crecí siendo una niña perfeccionista y me convertí en una adulta tremendamente autocrítica. De alguna manera, siento que aprendí de mis padres a ser tan exigente conmigo misma, pero, con el tiempo, mi voz crítica se fue sofisticando y convirtiendo en una voz cada vez más oscura y despiadada por su propio pie. Al menos, eso creo.

Tiempo después, a los quince años, comenzó mi trastorno alimentario y estuvo presente y silenciado hasta los veintidós, cuando decidí pedir ayuda y me lo diagnosticaron.

Pese a que había oído hablar sobre el amor propio y sobre la idea de quererse a uno mismo, realmente, no era consciente de lo que significaba. No lo entendía como una relación interna, sino más bien como una manera de mostrarse al exterior. Es decir, sabía a la perfección qué debía hacer y decir para hacer creer al mundo que me quería a mí misma. Pero era una completa mentira. En realidad, no había experimentado nunca lo que se sentía cuando te amabas a ti mismo.

Los años pasaron y mi diálogo interno era cada vez más desagradable. Si hacía algo bien, me daba un respiro, pero si hacía algo mal, no paraba de machacarme hasta quedar hecha polvo. Andaba en una búsqueda incansable para que el exterior y lo que pasaba fuera hiciesen que me sintiese mejor conmigo misma. Toda mi sensación de valía dependía de lo que pasaba en el exterior. Por ejemplo, si el chico que me gustaba me escribía, eso significaba que yo valía la pena. Lo mismo sucedía cuando mis amigas me organizaban una fiesta sorpresa por mi cumpleaños, cuando alguien me decía que era guapa o cuando mi padre me llamaba para ver qué tal estaba, ya que no solía hacerlo a menudo. Todo eso, para mí, quería decir que yo valía la pena y, por lo tanto, me hacía sentir mejor conmigo misma. Pero cuando todo eso no ocurría, me machacaba por no ser suficiente. Ese acoso y derribo conmigo misma era francamente agotador.

Finalmente, llegó el día en que exploté. No podía más. Pesaba cincuenta kilos midiendo 1,75. Me provocaba el vómito a diario y había perdido las ganas de vivir. Me sentía un fraude. No estaba orgullosa de mí y sentía que era una completa decepción para mis seres queridos.

Fue entonces cuando hablé con mi hermana Eugenia y le conté lo que estaba pasando. Ella me ayudó a encontrar a un terapeuta especializado en trastornos de la alimentación. Pero no fue hasta mucho más tarde cuando, por fin, entendí que el problema no solo era mi vida y mis experiencias, sino mi diálogo interno crítico que, además, yo y solo yo tenía el poder para cambiar la crítica por compasión.

¿A qué le debo este hallazgo? A la meditación. Puedo decir que, gracias a ella, soy lo que soy hoy en día. Descubrí la meditación en 2017, casi seis años después de que mi problema alimentario saliera a la luz. Recuerdo que me estaba recuperando del duelo de mi separación cuando entré en contacto con la práctica meditativa que me ayudó a descubrir mi diálogo interno.

A partir de ese momento, aprendí a observar lo que pasaba en mi interior con una mirada libre de juicio. Comencé a escuchar realmente lo que me decía a mí misma. No era bonito, pero pude entender de dónde venía y para qué lo usaba.

Cuando meditas a diario, llega un momento en el que ocurre algo mágico, un cambio de paradigma. Sin saber cómo ni por qué, de repente eres consciente de cómo funciona la vida, pero también de cómo funcionas tú. Esa lucidez era justo la que necesitaba para ser consciente de que tenía el poder de cambiar mi diálogo crítico por uno compasivo y, finalmente, lo pude hacer.

Para que te aproximes y logres detectar a tu yo crítico y a tu yo criticado, quiero proponerte el siguiente ejercicio de Gestalt.

Coloca tres sillas en triángulo y piensa en un tema que te preocupe y por el que suelas criticarte a menudo. Una de las sillas será para tu yo crítico; la otra, para tu yo criticado o juzgado, y la última, para tu yo observador sabio y compasivo. El objetivo es interpretar a esas tres partes de ti mismo.

1. Siéntate en la silla de tu yo crítico y piensa en el tema que has elegido. Deja que la voz fluya y expresa todo lo que tu yo crítico piensa de ti. Por ejemplo: «No eres capaz de hacer nada bien, eres inútil». Observa qué te dice, el tono que emplea y las palabras que usa. Presta atención también a cómo te sientes tú. ¿Estás preocupado, enfadado…? Y fíjate, por un momento, en tu postura corporal. ¿Estás rígido, recto…?

Ahora, escríbelo:

....
....
....
....
....
....
....
....
....
....
....

2. Ahora, siéntate en la silla de tu yo criticado. Intenta entrar en contacto con tus emociones al ser juzgado por tu yo crítico. Explica cómo te sientes al recibir ese trato. Por ejemplo: «Me haces daño, siento que no me apoyas». Deja que fluyan los sentimientos y observa bien lo que te dices, qué palabras usas y el tono de voz que empleas. ¿Es triste, asustado, victimista, infantil…? ¿Cómo es tu postura corporal? ¿Estás agachado, encogido…?

Ahora, escríbelo:

....
....
....
....
....
....
....
....
....
....
....

3. Deja que estas dos partes de ti —crítico y criticado— mantengan un diálogo. Si lo necesitas, ve cambiando de silla. Deja que las dos partes expresen su punto de vista y que ambas sean escuchadas.

Ahora, escríbelo:

....
....
....
....
....
....
....
....
....
....
....
....

4. Ahora, siéntate en la silla del observador compasivo. Conecta con el amor que hay en tu corazón y dirígete hacia el crítico y el criticado. ¿Qué le dice tu yo compasivo al crítico? ¿Qué punto de vista tiene? Por ejemplo: «Entiendo que tengas miedo a las críticas de los demás, y que intentas evitar que me equivoque» o «Te pareces a tu madre hablando». Ahora, ¿qué le dice tu yo compasivo a tu yo criticado? Por ejemplo: «Entiendo que debes sentirte muy dolido y que lo único que quieres es sentirte aceptado».

Intenta relajarte y que las palabras de amor fluyan desde tu interior. Deja que tu corazón se abra y observa lo que te dices y el tono que usas. ¿Es tierno, cariñoso...? Y tu postura corporal ¿es relajada, equilibrada...?

Ahora, escríbelo:

Cuando el diálogo haya concluido, te invito a reflexionar sobre lo que ha pasado. ¿Has visto algo nuevo que no eras capaz de ver antes?

Ahora, escríbelo:

....
....
....
....
....
....
....
....
....
....
....
....
....
....

Por último, me gustaría que te propusieras relacionarte contigo mismo de una manera más compasiva y amable. La guerra interna no tiene puede terminar de una vez por todas. El hecho de que hayas estado criticándote toda la vida no quiere decir que debas continuar haciéndolo. Tú tienes el poder de cambiar tu diálogo interno, solo debes dejar que tu yo compasivo salga a la luz. Está ahí, solo tienes que llamarlo.

Para invocar esa parte compasiva de tu ser, te invito a que practiques la siguiente meditación.

Meditación compasión

El objetivo de esta práctica es conectar con los sentimientos de amor y ternura y aprender a redirigirlos hacia ti mismo.

Cambiar tu diálogo interno

Aquí viene la pregunta del millón: ¿cómo consigo que mi yo compasivo sea el que lleve la voz cantante? Muchas de las personas que vienen a mi despacho me dicen: «Ahora que me he dado cuenta de que me hablo mal y de que quiero hablarme bien, me hablaré bien, ¿no?». Mi respuesta es siempre la misma: «No necesariamente».

Nuestro diálogo interno es el resultado de esta suma:

Condicionamiento interno *[todo el conjunto de creencias, emociones y experiencias de nuestro pasado]* **+ mucho entrenamiento** *[todas las veces que hemos repetido una misma respuesta crítica hasta hacerla automática]* **= diálogo interno**

De manera que, para cambiar nuestro diálogo interno es necesario, por un lado, hacernos conscientes de nuestro condicionamiento y, por otro, elaborar una nueva respuesta compasiva y habituarnos a ella. El cambio de paradigma mental te libera del condicionamiento y, ahora que ves la realidad de otra forma, eres libre de elegir cómo respondes ante ella.

Sin embargo, tu mente está habituada a la respuesta crítica automática, que, a no ser que cambies, seguirá siendo la que es. Es necesario un cambio de paradigma mental y, a la vez, un cambio de hábito, como hemos visto en el capítulo anterior.

Sí, puede que durante un tiempo te sientas muy contradictorio: te dirás una cosa, luego te corregirás y acabarás diciéndote otra completamente distinta. Tranquilo, es normal. Pero esa etapa traerá sus frutos, cuando el entrenamiento haga que el músculo de la nueva respuesta compasiva sea más fuerte —a la vez que el músculo de la antigua respuesta crítica se va debilitando—, hasta que llegue el momento en que la compasión gane el pulso a la crítica. ¡Incluso llegará un momento en el que no haya pulso alguno!

De acuerdo, lo de fortalecer el músculo de la compasión ha quedado más o menos claro, ¿pero cómo hacemos para debilitar un músculo tan antiguo como la crítica sistemática? Pues muy sencillo: no usándolo.

La oradora motivacional y *coach* Gabrielle Bernstein lo explica de manera muy práctica tomando de referencia cualquier tipo de adicción. Hay muchos tipos de adicciones: a la comida, a las compras, a drogas, a pensamientos negativos..., y el primer paso para recuperarse de cualquier adicción es cortar con el hábito que la rodea. Ese primer paso ayuda a entender la relación con el elemento adictivo y a trabajar la causa subyacente de la adicción.

Bernstein defiende que para cortar con el hábito adictivo debes no darte permiso. Esto quiere decir que, cuando se presenta la oportunidad de actuar adictivamente, se presenta acompañada de la capacidad para elegir hacerlo o no hacerlo. Y si no te das permiso para elegir, estás cerrando la ventana que se ha abierto al presentarse la oportunidad de actuar, y cortas con el hábito adictivo en su totalidad.

Por ejemplo, mi amiga Ana, que había dejado de fumar hacía quince días, se encontró con Alberto por la calle. Él no sabía que Ana lo había dejado y, cuando iba a sacar un cigarro del paquete le ofreció otro a ella. A Ana se le acaba de presentar la oportunidad de actuar adictivamente de nuevo y tenía dos opciones: elegir o no darse permiso.

Si Ana hubiese empezado a plantearse cosas como «¿y si me fumo solo este?» o «¿y si le doy solo una calada?», se hubiera dado permiso para elegir si actuar o no. Sin embargo, según Bernstein, la clave para cortar con un hábito es no darse permiso para elegir. En otras palabras: decir *no* en cuanto aparece la oportunidad para actuar y cortar con el flujo de pensamientos que pueda aparecer a continuación.

Con las respuestas críticas pasa lo mismo. La clave es no darse permiso para ser crítico contigo mismo cuando se presente la oportunidad para serlo.

Ahora que le hemos cerrado la puerta a la crítica, quizá te estés preguntando cómo debe ser la nueva respuesta compasiva. En realidad, hablarte desde la compasión significa hablarte desde el amor incondicional hacia lo que fuiste, lo que eres y lo que vas a ser, sin juzgarte. La compasión surge del reconocimiento de que el ser humano y su experiencia son imperfectos. De ahí que utilicemos la expresión «es humano» cuando queremos consolar a una persona que ha cometido un error.

En cuanto aceptamos que el error y el arrepentimiento son sentimientos que no podemos evitar y nos damos cuenta de que los compartimos con el resto de los seres humanos, surge la compasión hacia los demás y hacia nosotros mismos. Todos nos equivocamos y aprendemos de nuestros errores. No debemos castigarnos por ello. El problema es que hay muchas personas que piensan que deben castigarse si se equivocan, especialmente si han recibido ese mensaje en la infancia.

Ser compasivo contigo mismo también consiste en consolarse activamente cuando algo va mal. Resulta curioso, pero el cerebro no entiende la diferencia entre dar y recibir afecto, ya que segrega oxitocina —la hormona del placer— por igual al dar y al recibir cariño.

Bien, pues se han llevado a cabo numerosos estudios en los que se ha demostrado que darse afecto a uno mismo es igual de efectivo que recibirlo de alguien. Por ello, la próxima vez que lo necesites, prueba a darte un abrazo cariñoso para calmarte y consolarte. Acaricia tu brazo con ternura o balancea suavemente tu cuerpo. Al principio puede que te sientas un poco absurdo, pero tu cuerpo no lo sabe y responde como lo haría un niño en brazos de su madre, liberando oxitocina y experimentando calma y seguridad.

Tener una relación compasiva contigo mismo consiste, en definitiva, en algo tan simple como tratarte como tratarías a un buen amigo o a un ser querido en tus mismas circunstancias.

Por eso, te propongo que hagas una lista de diez bases fundamentales en las que creas que se debería sustentar una buena amistad. Por ejemplo, respeto, amabilidad, estar ahí para lo que necesite, hablar con dulzura...

EL PODER DE TU ENERGÍA

1. ....
....
....
....
....

2. ....
....
....
....
....

3. ....
....
....
....
....

LO MEJOR DE TI

4. ....
....
....
....
....

5. ....
....
....
....
....

6. ....
....
....
....
....

7. ....
....
....
....
....

8. ....
....
....
....
....

9. ....
....
....
....
....

10. ....
....
....
....
....

Mi historia

Acababa de regresar de Nueva York para quedarme en España y no sabía muy bien por qué lo había hecho. Estaba destrozada. La decisión de volver había ido acompañada de la decisión de dejar a mi novio, con el que llevaba dos años conviviendo y del que seguía locamente enamorada. Había sido una separación muy traumática, pero yo siempre había sido una persona que se dejaba guiar por la intuición y había una voz que me decía que era hora de empezar una nueva etapa.

Cuando llegué a la primera sesión con mi coach, *andaba en una espiral de arrepentimiento, culpa y pena muy intensa. Sentía como si una fuerza mucho más fuerte que yo me mantuviese anclada al suelo que pisaba y eso me hacía sentir muy mal.*

Había abandonado al amor de mi vida y nos había roto el corazón a los dos. Aquello no me lo podía perdonar. Insensible, egoísta o cobarde *eran algunos de los calificativos que usaba conmigo misma a diario. Mi diálogo interno, que siempre había sido muy crítico, me estaba matando más que nunca. Estaba rota por dentro, pero mi voz crítica no parecía darse cuenta y no mostraba ni un ápice de compasión a la hora de hablarme. Era insoportable.*

No recuerdo exactamente qué pasó en las sesiones de coaching *que siguieron a la primera ni cómo llegamos al punto que os voy a contar, pero sí sé que fue una experiencia mágica.*

—¿Y para qué tomaste esa decisión?

—Era lo que él esperaba de mí.

—Pero tú, en realidad, querías otra cosa, ¿no?

—Sí.

—¿Y cómo te sentiste al hacer lo que esperaba de ti?

—Me sentí... atrapada.

—¿Y qué pasó luego?

—Me fui.

—Entonces, ¿qué necesitas para comprometerte realmente con lo que eliges, Claudia?

—Elegir lo que quiero realmente.

—¿Y cómo vas a saber si lo que quieres es lo mejor para ti o lo que esperan de ti?

—Mmm..., pues pensaré en lo que mi madre querría para mí.

—¿Y cómo vas a hacer eso?

—Pues preguntándomelo antes de tomar decisiones.

—¿Y cómo vas a acordarte de preguntártelo antes de tomar decisiones?

—Me tatuaré un corazón para recordármelo cada día.

Y eso hice. Me tatué un corazón que me recordaba a la pregunta: «¿Qué querría mamá para mí?», que luego derivó en «¿Qué me diría mamá?». A fin de cuentas, ella es la persona que más me ha querido en la vida.

En ese momento no era completamente consciente de que había conseguido cambiar mi paradigma de condicionamiento interno y comenzar a hablarme a mí misma desde la compasión. Ahora tenía la intención de tomar decisiones pensando en lo mejor para mí, no en complacer a los demás. Como una madre haría con una hija. Estaba ejerciendo de madre conmigo misma sin saberlo.

Este cambio fue un salto drástico que afectó a todo lo que vino después. Tomar decisiones teniendo en cuenta mis sentimientos y arriesgándome así a decepcionar a los demás era un gran paso en la dirección correcta.

Y es que, al fin y al cabo, el respeto hacia uno mismo comienza cuando eres capaz de hacer de tus necesidades una prioridad.

CONECTAR CONTIGO A DIARIO

Para darte lo que necesitas, debes escucharte, y para escucharte, es imprescindible familiarizarte con prácticas que te ayuden a conectar contigo mismo y que las conviertas en un hábito diario. Cuanto más a menudo te escuches, más probable será que descubras y luego satisfagas tus necesidades. Si vas dándote lo que necesitas a medida que lo vas necesitando, serás capaz de mantener una estabilidad emocional que resultará en bienestar general. Si, por el contrario, no te habitúas a escucharte, irán apareciendo necesidades que irás acumulando y, después de un tiempo, explotarás.

Y, créeme, recobrar el equilibrio emocional después de una explosión conlleva mucho tiempo y trabajo. Es como si en lugar de hacer deporte a diario e ir subiendo de intensidad progresivamente, un día decides hacer lo equivalente a un año de entrenamiento de una sola vez. Lo más probable es que te lesiones y que la recuperación de dicha lesión te lleve tiempo y mucho reposo, hasta que, por fin, puedas volver a empezar a hacer deporte.

Así pues, tu objetivo debe ser atenderte a diario y no después de explotar.

Elegir la práctica que mejor encaje contigo

Elegir la práctica que vibra más contigo es muy personal, pero es importante que escojas dos prácticas: una que te ayude a regularte cuando te sientas abrumado emocional o psicológicamente y otra que te ayude a descubrir cuáles son tus necesidades. Puede, incluso, que encuentres una misma práctica que te ayude a lograr ambas cosas.

En mi caso, practico la meditación y el *journaling*, es decir, escribir en mi diario. Las dos me sirven para ambas cosas. Por un lado, medito diariamente para regular mi estado emocional. Esto, además, me sirve para desarrollar mi capacidad metacognitiva que, a fin de cuentas, me ayuda a escuchar lo que me digo en momentos de inestabilidad emocional. Por otro lado, escribo en mi diario. El *journaling* lo practico cuando estoy abrumada emocionalmente. Cuando las necesidades de mi niña interior no han sido satisfechas, esta suele reaccionar, y escribir me sirve para descubrir qué necesita esa niña. Para mí, es una forma fantástica de darle voz. El *journaling* es una herramienta fabulosa para encontrar respuestas a nuestros problemas. Escribir cada vez que tienes un conflicto y no sabes muy bien lo que estás sintiendo ni por qué, te ayuda a profundizar en el asunto y a seguir trabajándote, consiguiendo así elevar tu consciencia y evolucionar.

Pero no todo es meditación y escribir en un diario. Existen otras prácticas que funcionan de maravilla. Hacer deporte de alta intensidad para regular la emoción es muy efectivo, y también lo es encontrar a alguien que te escuche. Cuando compartes lo que estás pensando con alguien es más fácil identificar qué necesitas. Decirlo en voz alta te ayuda a aclarar, simplificar y, sobre todo, a dejar constancia de lo que sientes. Es como si lo hubieses escrito con bolígrafo y ya no pudieras borrarlo. Además, el hecho de estar conectando con otra persona a la vez que abres tu corazón y hablas te ayuda a mirarte a través de los ojos del otro y, si el otro te contempla con ojos compasivos y sin prejuicios, esa mirada tiene un efecto calmante asombroso.

En definitiva, lo fundamental es elegir una práctica que te aporte lo que necesitas. Hay mil opciones. Desde meditar y hacer deporte hasta acariciar a tu perro o abrazar a un árbol.

El contacto con la naturaleza fomenta especialmente la conexión con uno mismo. Cuando estamos en piloto automático y enfrascados en nuestras rutinas, se nos olvida que somos seres de este planeta y parte de un todo muchísimo más grande que nosotros. Somos finitos e imperfectos, caóticos y sabios y, por ello, todo lo que necesitamos está en nuestro interior. Conectar con nosotros mismos nos lo recuerda.

Convertirla en un hábito

Convertir tus prácticas en hábitos diarios puede ser retador al principio, por eso te recomiendo que:

1. Busques una práctica que no te lleve mucho tiempo para que puedas hacerla diariamente. La clave está en hacerle hueco, acoplarla a tu rutina diaria y convertirla en una prioridad. Al igual que lavarse los dientes te ayuda a conservar tu salud física, tu práctica de conexión te ayuda a conservar tu salud mental. Ambas son igual de importantes para tu bienestar, así que ya es hora de priorizarla también. Elegir una hora o un momento en particular de tu día puede ser buena idea. En mi caso, medito todas las mañanas antes de salir de la cama. Sí, medito en la cama, he comprobado que es el momento del día que me cuesta menos hacer hueco a mi meditación diaria de diez minutos.

2. Lo hagas fácil y agradable. Esto quiere decir que, si necesitas algún tipo de equipo para llevar a cabo la práctica, lo tengas listo y que sea un equipo que te guste. Es decir, si has decidido hacer del *journaling* una de tus prácticas, hazte con un diario o un cuaderno bonito, que te guste, que hable de ti y de quién eres, y que cada vez que lo mires te sientas motivado a escribir. De la misma manera, si decides que correr sea tu práctica de conexión, es bueno que inviertas en unas zapatillas con las que te sientas cómodo.

8

Tu relación con los demás

QUIÉN ERES Y QUIÉN QUIERES SER

Aprender a tener relaciones sanas es otro de los pilares fundamentales para cuidarnos a nosotros mismos. Lograr entablar relaciones plácidas y enriquecedoras es un auténtico reto para muchos de nosotros. Ten presente que, como expresó el célebre abogado estadounidense Louis Nizer, **«cuando un hombre señala con el dedo a otra persona, debe recordar que cuatro de sus dedos apuntan hacia él»**.

Cuando no hay balance entre lo que das y lo que recibes te encuentras ante una relación en desequilibrio. Esto, muchas veces, te envuelve en una espiral de descontrol que provoca un estrés enorme. Pero no te angusties, siempre se está a tiempo de reparar una relación. Para conseguir recuperar la armonía, es condición indispensable que el cambio comience en el interior de uno mismo.

¿Pero cuándo nace una relación desequilibrada? Para hallar la respuesta debemos remontarnos, de nuevo, a nuestras creencias. Cuando en el subconsciente de cualquiera de los miembros de la pareja existe la creencia «no soy suficiente», se produce una descompensación. Este desequilibrio hace que nos convirtamos en un tipo u otro de persona. Te invito a preguntarte: «¿Qué tipo de persona soy cuando creo que no soy suficiente?» y a encontrarte en esta lista.

1. El agradable

Todos hacemos cosas que agradan a los demás. Es natural y tiene mucho que ver con la empatía y la compasión hacia los otros. ¿Quién no ha ayudado a una persona mayor a llevar bolsas pesadas hasta la puerta de su casa? Si no lo has hecho, descuida, seguro que eres capaz de encontrar mil ocasiones en las que has echado un cable a alguien, incluso a un desconocido.

Además del papel significativo que juega la educación en este aspecto, lo que nos impulsa a ayudar es que somos seres humanos capaces de conmovernos ante las dificultades de los demás.

Es ahí donde reside el quid de la cuestión, en la diferencia entre hacer algo para agradar y hacerlo para ayudar. Cuando hacemos algo para agradar es como si lanzáramos un búmeran. Lo arrojas con la certeza de que volverá a ti tarde o temprano y, de hecho, por eso lo lanzas precisamente, para que vuelva. Es decir, cuando buscas agradar a alguien lo haces para sentirte aceptado porque eso te reporta mucha autovalidación. Es como si el hecho de agradarle a alguien te hiciese más valioso.

Sin embargo, cuando ayudas a alguien es como si chutaras una pelota. No la disparas para que vuelva, sino que ni siquiera sabes si va a volver porque has perdido el control sobre ella. En realidad, lo bonito es que la has chutado para que la persona que la recibe tenga la oportunidad de jugar.

Cuando una persona siente que no es suficiente, tiende a buscar la aceptación o validación de otra persona complaciéndole. Sé lo que estás pensando: «¿Y qué? No hay nada de malo en agradar si me hace feliz». Tienes toda la razón: querer gustar no es negativo... hasta que pasas por alto tus propias necesidades para satisfacer las del otro.

Es frecuente que las personas que se creen insuficientes antepongan a los demás a ellos mismos. Además, tienden a engañarse pensando que hacer felices a los demás los hace felices a ellos. Es como si, por ciencia infusa, satisfacer las necesidades del otro —aun siendo radicalmente distintas a las suyas propias— fuese a satisfacer las suyas también.

La cuestión es que, si toda tu felicidad y sensación de valía interna depende directamente de si te sientes o no aceptado por los demás, quizá lo que necesitas de verdad es agradarte a ti mismo.

Si sigues un tanto escéptico en cuanto a la cara oculta del querer gustar a los demás, déjame que te explique la serie de riesgos que conlleva. Por un lado, cuando te acostumbras a decir que sí a todo y a todos para complacer, te arriesgas a no poder cumplir con todas tus promesas, y no cumplirlas te hace poco confiable.

Si en vez de tener en cuenta tus necesidades y tu capacidad para cumplir tus compromisos, solo tomas en consideración las necesidades de los demás, llegará un momento en el que estés comprometiéndote a dar más de lo que tienes, arriesgándote a dejar a esas personas sin nada. Esto, de cara a los demás, es un síntoma de ser una persona en la que no se puede confiar del todo.

El otro lado de la moneda es que, al igual que el agradable no se permite decir que no a los demás, tampoco es capaz de gestionar que los demás le digan que no. Para él, su validación y aceptación interna depende de que los demás le acepten. Por eso, cuando encuentra a una persona que no depende de la aceptación externa para sentirse suficiente, el agradable interpreta: «Si no necesita mi validación para sentirse bien es que mi validación no vale nada porque yo no valgo nada». Esto reafirma su creencia de «no soy suficiente».

Por tanto, para no recibir un *no* como respuesta y sentirse mal consigo mismo, evita pedir favores. Sin embargo, él intenta hacer favores a todo el mundo. Como veis, el rol del agradable sitúa tus relaciones en una posición de desequilibrio absoluto.

2. El victimista

Existen dos tipos de victimistas: el culpable y el inocente.

Por un lado, el culpable es aquel que, pase lo que pase a su alrededor, siempre se va a ver involucrado y firme en la creencia de que aquello que ha sucedido ha sido culpa suya. No tiene en cuenta la participación de nadie más, solo la suya, y tiende a absorber la responsabilidad de los demás y a adjudicársela como propia.

Por otro lado, el inocente es aquel que, pase lo que pase a su alrededor, jamás reconoce su parte de responsabilidad en el asunto. Al contrario que el culpable, el inocente tiende a colocar su culpa sobre las espaldas de los demás, liberándose de todo tipo de responsabilidad.

Ambos tipos de victimismo tienen su origen en la creencia de no ser suficiente. «Si admito mi parte de responsabilidad en el asunto, reconozco que no soy suficiente» o «me merezco toda la responsabilidad en el asunto porque no soy suficiente» son algunos de los razonamientos que resuenan en la cabeza de las personas victimistas.

El principal inconveniente de tener una actitud victimista es que limita las acciones disponibles para resarcir el daño causado. El culpable, por un lado, experimenta ansiedad porque no es capaz de enmendar el daño que ha generado otra persona. Además, este subtipo siente mucho resentimiento por haberse adjudicado la responsabilidad de otros. Por otro lado, el inocente solo puede quejarse, ya que, al estar libre de culpa, no le corresponde enmendar ningún error. La diferencia entre ambos, pues, es manifiesta: mientras que el culpable crea inocentes a su alrededor, el inocente crea culpables. Por tanto, estas dinámicas de relación están en evidente desequilibrio.

Pero si cambiamos las tornas y te preguntas: «¿En quién puedo convertirme cuando me creo suficiente?», el paisaje a tu alrededor cambia por completo. Adivina quién quieres ser.

1. **El responsable**

    Es plenamente consciente de lo que le corresponde y lo que no. Es decir, sabe a la perfección que a cada uno de nosotros nos rodea una esfera de responsabilidad. Todo lo que sucede dentro de esa esfera es nuestra responsabilidad y todo lo que sucede fuera escapa a nuestro control.

    El responsable sabe distinguir dónde empieza y acaba su propia esfera y la de los demás, de manera que nunca asimila ni más ni menos de lo que le pertenece.

    El responsable ha entendido algo clave. Solamente es responsable de aquello que puede controlar. Esto implica que si, por ejemplo, él dice algo y alguien se lo toma como una ofensa, es consciente de que lo único que se encuentra dentro de su esfera de responsabilidad es la capacidad para pedir perdón a ese alguien por haberse sentido ofendido, ya que no era su intención.

    Pero el responsable también es consciente de que no puede controlar que esa persona deje de sentirse ofendido o no. Sabe muy bien que esa es una tarea que no le corresponde, así que no se frustra si a esa persona no se le pasa el enfado.

En suma, el responsable es capaz de aceptar que todo aquello que está fuera de su control no suceda como a él le gustaría y eso está muy bien. Esta clase de persona ha entendido que el gran truco para ser feliz es aprender a estar cómodo en lo incómodo, es decir, a estar en paz con el hecho de que su vida y los demás no sean como quiere que sean.

Mi historia

A los quince años perdí a mi madre a causa de un cáncer. Muy pronto, la vida me enseñó una gran lección: aceptar aquello que no podía cambiar. Sin embargo, tardé una década más en aprender a aceptar lo que no dependía de mí. Es muy distinto encajar lo que no se puede cambiar —como una muerte, por ejemplo— a lo que sí se puede cambiar, pero no está en tus manos que cambie.

Este proceso de aceptación de lo que no depende de ti lo vi claro cuando comencé mi nueva vida en España. Me sentía apasionada descubriendo todo sobre el coaching. *No podía pedir más: estaba cerca de mi familia y vivía con mi mejor amiga, pero no conseguía evitar sentir mucho arrepentimiento. Sentía que me había equivocado y que había dejado escapar a mi pareja, el chico más maravilloso del mundo. Se me estaba haciendo muy cuesta arriba imaginarme una vida sin él, así que, después de reflexionar mucho, decidí intentar recuperarle.*

Por supuesto, las cosas no salieron como esperaba. Me había imaginado un reencuentro de película en el que me recibía con los brazos abiertos y dispuesto a olvidarlo todo para comenzar donde lo dejamos, pero la realidad fue radicalmente distinta. El tiempo que pasamos separados fue una época de mucho dolor, arrepentimiento y resentimiento para ambos. El día que hice las maletas y dejé atrás Estados Unidos, una herida muy profunda se abrió en nuestros corazones y, si queríamos intentarlo de nuevo, debíamos sanar este dolor.

Cuando llegué a Nueva York dispuesta a retomar la relación, di por hecho que me perdonaría por haberle abandonado y que volvería a confiar en mí enseguida. Pero estaba muy equivocada. Lo primero que me dijo fue: «Necesito tiempo para volver a tener fe en nosotros». Aunque me costó un poco asimilarlo, entendí lo que necesitaba y lo respeté. Sin embargo, después de varios meses y varios viajes transoceánicos llegaron las palabras que más temía escuchar: «Lo siento, lo he intentado, pero creo que no es nuestro momento».

Aquellas palabras se hundieron en mi corazón y en mi alma como nunca nada lo había hecho antes. Para mí, ese sí que era nuestro momento perfecto, pero para él no. Era el fin. Aunque, para mí, nuestra relación se podía reconstruir y estaba preparada para luchar, a sus ojos, aquello no tenía remedio. Fue muy frustrante y doloroso asimilar que algo que podía cambiar no iba a hacerlo porque no solo dependía de mi voluntad, sino también de la de él, y ya no la tenía.

Me costó mucho aceptar que el final feliz que quería para ambos no iba a tener lugar nunca. Quizá, con el tiempo, conseguiría otro bonito final para mí, pero no, no sería ese. Tenía que asimilarlo y dejarlo ir.

Como aprendí en esta experiencia vital, el apego que sentimos hacia planes e ideas puede llegar a ser tan grande que, si no salen adelante, sentimos muchísima frustración y amargura. En realidad, lo que nos provoca ese sufrimiento son las expectativas no satisfechas. De manera que, para no sufrir, la clave está en ser responsable, es decir, en dejar de intentar controlar aquello que no depende de nosotros directamente, sino de los demás. También nos puede ayudar fomentar el respeto y la aceptación. A fin de cuentas, no podemos forzar que las cosas pasen de una determinada manera y que las personas sean como queremos que sean, así que, en estas ocasiones, solo nos queda rendirnos.

2. **El asertivo**

Otra forma de ser, complementaria a la anterior, cuando uno se cree suficiente es la del asertivo. Este tipo de persona sabe decir que no, ya que ha entendido que, si no cuida de sus necesidades en primer lugar, no será capaz de dar lo mejor de sí mismo al mundo.

El gran aprendizaje del asertivo es que tiene unas necesidades propias tan válidas como las necesidades de los demás y que, asimismo, si no las satisface se acumula resentimiento en su corazón. El asertivo es consciente de que debe proteger sus necesidades y su energía manteniendo un equilibrio entre lo que debe y lo que quiere hacer, entre lo que da y lo que recibe.

La persona asertiva tiene claro dónde empieza y dónde acaba su esfera de responsabilidad, de manera que, cuando alguien intenta hacerle responsable de algo que no le corresponde, es capaz de poner límites y decir *no*.

El asertivo ha hecho otro descubrimiento interesante: no necesita la aceptación de los demás, sino la aceptación de sí mismo. Cuando se acepta, ya no le afecta la opinión de los demás, de hecho, para su sorpresa, los demás parecen respetarle más. Se ha dado cuenta de que cuando dice que no y respeta sus propias necesidades, también está enseñando a los demás a tratarle y a respetarle a él y a sus necesidades. Esto da pie a relaciones más sanas y conscientes.

EL CASO DE PALOMA

Paloma vino a verme porque se sentía sobrepasada. Su humor había ido degenerando con los años y ahora se había convertido en una persona muy irascible. No se reconocía ni se gustaba en absoluto. Se había dado cuenta de que quería cambiar y volver a ser la chica alegre y disfrutona que era antes, pero no sabía por dónde empezar.

He aquí una de las muchas conversaciones que mantuvimos.

—Me está costando sudor y sangre que acabe la carrera.

—¿A quién le está costando acabar la carrera?

—A mi hijo..., bueno, y a mí que lo haga.

—¿Y crees que es tu responsabilidad que tu hijo acabe sus estudios?

—¡Pues claro! ¿Quién lo va a hacer si no? Desde que era pequeño tenemos el mismo problema. Tenía que perseguirle para que hiciera los deberes; despertarle con tiempo para que fuese a los partidos de fútbol... Si no fuera por mí, el niño estaría todo el día tirado en el sofá o en la cama viendo series.

—¿Y qué hay de tu hijo? ¿De qué se responsabiliza él?

—¡De nada!

—¿Y el hecho de que él no sea responsable de nada te hace a ti responsable en su lugar?

—No debería, pero así es.

—No debería...

—No.

—¿Y cómo debería ser entonces?

—¡Debería darse cuenta de que es por su bien y hacerlo él solo!

—¿Crees que, hoy en día, le estás ayudando a conseguir que lo haga solo?
—Pues yo se lo digo siempre, pero no me hace caso.
—Se lo dices...
—Sí.
—¿Y qué haces luego?
—Pues acabo avisándole de si tiene exámenes y diciéndole que estudie. Incluso a veces me siento con él para que estudie un poco, aunque sea conmigo.
—O sea que le dices que debe hacerlo por sí mismo, pero acabas haciéndolo por él o con él. ¿Es así?
—Sí.
—Ya...
—Sé que tengo que dejar de hacerlo... Así nunca va a aprender por sí mismo. ¿Pero y si no lo hace?
—¿Que pasará entonces?
—Pues que acabará suspendiendo.
—¿Y de quién será el suspenso?
—Suyo...
—Exacto, suyo.

Como vemos en el caso de Paloma, a veces es complicado discernir entre lo que nos corresponde y lo que no, especialmente cuando entra en juego el instinto de protección hacia nuestros seres queridos (en especial, hacia nuestros hijos).

Pero tenemos que saber que hacernos responsables de lo que les corresponde a ellos solo nos carga de más y nos deja agotados y frustrados. Debemos comprender que, si nosotros somos conscientes de dónde empieza y acaba nuestra esfera de responsabilidad y ponemos límites —es decir, si somos asertivos—, para nuestros seres queridos también será mucho más fácil hacerse cargo de lo que les corresponde.

Este sencillo truco para trabajar la asertividad que suelo dar a las personas que vienen a mi consulta puede serte útil. Consiste en hacerse las siguientes preguntas antes de hacerse cargo de algo. Antes de responderlas, ten en cuenta que, si el sujeto de la cuestión es un familiar o amigo, la responsabilidad no es tuya, aunque te unan unos lazos fuertes con esa persona. Solo es cosa tuya si esa persona está bajo tu tutela porque es menor o posee diversidad funcional.

1. **¿La resolución de esta cuestión depende de mí directamente?**
    - ✓ Si la respuesta es *sí,* es mi responsabilidad resolverla.
    - ✓ Si la respuesta es *sí,* **pero con matices,** resuelvo hasta donde llegue mi capacidad de acción y delego la resolución del resto de la cuestión en la persona responsable.
    - ✓ Si la respuesta es *no,* no hago nada porque no es mi responsabilidad.
    - ✓ Si la respuesta es *no,* **pero con matices,** no hago nada porque no es mi responsabilidad.

2. **¿La resolución de esta cuestión me afecta directamente?**
    - ✓ Si la respuesta es *sí,* es mi responsabilidad resolverla.
    - ✓ Si la respuesta es *sí,* **pero con matices,** resuelvo hasta donde llegue mi capacidad de acción y delego la resolución del resto de la cuestión en la persona correspondiente.
    - ✓ Si la respuesta es *no,* no hago nada porque no es mi responsabilidad.
    - ✓ Si la respuesta es *no,* **pero con matices,** no hago nada porque no es mi responsabilidad.

De nuevo, hay que tener cuidado con pensamientos como «si afecta a mi hijo/a, padre/madre, hermano/a o amigo/a, me afecta a mí». No es así. Si esa persona está bajo tu tutela o cuidado por ser menor o incapaz, es otra historia, pero si no es ninguno de estos casos, lo que les suceda a tus seres queridos no es tu responsabilidad.

APRENDE A COMUNICARTE

Aunque trabajes tu responsabilidad y tu asertividad, es importante entender que las relaciones pasan por todo tipo de etapas y que, muchas veces, la transición entre una etapa y otra provoca un desequilibrio. Es natural estar en un vaivén entre el equilibrio y el desequilibrio moderado dentro de una relación. Por este motivo, la comunicación —y, en particular, el *feedback*— es esencial para gestionar estas idas y venidas en nuestras interacciones.

El *feedback* no es otra cosa que decir lo que te pasa *con* lo que hace una persona. Es algo sencillo, sí, pero es bien distinto a decir lo que te pasa *por culpa de* lo que hace fulanito. Para saber dar *feedback* sin caer en la culpabilización hay que tener en cuenta la siguiente estructura:

Cuando tú haces X > a mí me pasa Y

De esta forma, aunque experimentemos sentimientos de malestar causados por algo que ha hecho otra persona, lejos de tomar una actitud victimista e ir a la caza del culpable, nos responsabilizamos de nuestros propios sentimientos.

El *feedback* no consiste en debatir quién tiene razón, cómo tendría que actuar esa persona o cómo deberías reaccionar tú, sino en poner sobre la mesa lo que está pasando en realidad. Solo así se puede atajar una situación conflictiva en las relaciones. Además, el *feedback* pretende comunicar una sensación o un pensamiento, legitimándolo en su totalidad, y parte de la base de que no se consigue nada negando lo que está pasando de verdad. Hay que darle la bienvenida a lo que sea que está sucediendo, aceptarlo y, desde ese punto, gestionarlo.

EL CASO DE JAVIER

Javier llevaba dos meses trabajando en una empresa, y su compañero y homólogo Rob era el encargado de enseñarle lo necesario para aprender cómo funcionaba todo. Javier consideraba que Rob tenía una manera de trabajar un poco grosera y competitiva. Nunca le pedía las cosas por favor y, cuando se las entregaba hechas, nunca le daba las gracias.

Javier tenía la sensación de que Rob pensaba que estaba por encima de él y eso le estaba empezando a causar incomodidad. Así que, tras la primera sesión conmigo, se dio cuenta de que debía hablar con él. Le expliqué qué era el *feedback,* y después lo practicamos varias veces para comprender cómo iba. Tuvo esa conversación tan esperada con Rob. Y este fue el resultado.

—Hola, Rob. ¿Tienes un momento? Me gustaría comentarte una cosa.
—¡Claro! Dime.
—Llevo unos días queriendo contarte que, a veces, cuando me pides que haga ciertas cosas, tus formas me hacen sentir un poco incómodo. A lo mejor son cosas mías, pero sentía que debía decírtelo para que los dos estemos a gusto trabajando juntos.
—¿En serio? ¿Qué es eso que te incomoda?
—Sé que seguramente no es tu intención, pero el simple hecho de que no me pidas las cosas por favor y de que no me des las gracias cuando te las entrego me hace sentir como si fuésemos jefe y subordinado en vez de compañeros.

—¡Vaya! No era mi intención, lo siento. Por si te sirve de algo, no pienso que sea tu superior para nada. Quizá es que a medida que voy cogiendo confianza pierdo un poco las formas, pero lo tendré en cuenta.

—¡Genial, Rob! Mil gracias. Te lo agradezco mucho.

Javier hizo un gran trabajo a la hora de dar *feedback,* ya que lo formuló desde la vulnerabilidad. Él era consciente de que lo que estaba sintiendo podía ser fruto de su propia inseguridad y no de las intenciones de Rob. Así pues, dio el *feedback* desde la humildad y, con esto, consiguió que su compañero lo recibiese y le respondiese desde el mismo lugar de humildad. Además, este también se mostró vulnerable al compartir que, cuando tenía confianza, solía perder las formas.

Esta es la clave del *feedback:* dar tu opinión con la máxima humildad posible y haciéndote cargo de tu propia emoción. Al fin y al cabo, no es culpa de Rob que Javier se sienta inseguro, sino que es Javier quien se siente inseguro con lo que hace Rob.

Otra clave para mejorar nuestra comunicación es **hacernos cargo de nuestro mensaje.** Para lograrlo, es fundamental tener presente que hay muchas posibilidades de no entenderse. Las confusiones y los malentendidos pueden asomar por las diferencias entre:

Lo que pienso > Lo que quiero decir > Lo que creo decir > Lo que digo > Lo que quieres oír > Lo que oyes > Lo que crees entender > Lo que quieres entender > Lo que entiendes

Como son muchas las posibilidades de no entenderse con alguien, debes comenzar a hacerte cargo de cómo llega tu mensaje al otro y cerciorarte de que lo entiende como quieres que lo entienda. Asimismo, también tienes que encargarte de interpretar el mensaje del otro y asegurarte de que lo has entendido como el otro quiere. ¿Pero cómo puedes hacer esto? Muy sencillo, chequeando.

He entendido X, ¿es X correcto?

o

¿Qué has entendido de lo que te he dicho?

Lo importante es ser consciente de que cada uno de nosotros interpretamos la realidad a nuestra manera y que, debido a esto, es posible que estés interpretando el mensaje de esa persona de manera errónea y que exactamente lo mismo puede estar sucediéndole a esa persona con lo que acabas de decir. Por ello, bien entenderse es de sabios.

9
La danza entre la vida y tú

SER VÍCTIMA O SER RESPONSABLE

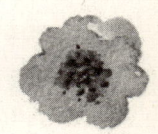

Mi historia

Nunca soñé con la vida que tengo ahora. De hecho, de pequeña soñaba con casarme a los veinticinco y tener hijos a los veintisiete. Ese era mi objetivo en la vida. Es curioso cómo crecemos con una idea muy clara de lo que queremos que sea nuestro paso por este mundo y, a medida que pasa el tiempo, la vida te va llevando por otro camino.

Cuando cumplí los veintiocho, me di cuenta de lo lejos que me encontraba de mi plan de vida original y empecé a sentir una frustración enorme. Apenas comenzaba a hacer algo significativo a nivel profesional y acababa de romper con mi pareja.

A mis espaldas llevaba una serie de «fracasos» profesionales y sentimentales, que solo conseguían hacerme sentir peor conmigo misma. Había tenido trabajos mal pagados que había acabado aborreciendo. Y, como guinda del pastel, acababa de pasar por mi segundo —y más doloroso— fracaso amoroso. Mis amigas, sin embargo, tenían vidas muy bien encaminadas. Las ascendían en sus puestos de trabajo, se independizaban, se casaban, tenían hijos... Yo, en cambio, estaba más perdida que nunca.

«¿Por qué yo?», «¿Por qué a mí?», me preguntaba sin cesar. ¿Acaso era culpa mía no haber conseguido mis objetivos? ¿Había algo que no funcionaba bien dentro de mí? Entonces, entré en una espiral infinita de cuestionamiento y análisis interno que me provocó mucha ansiedad y sufrimiento, pero que también me llevó a descubrir el coaching.

El coaching llegó a mí en el momento perfecto para atajar mi caos existencial y poner orden en mi vida. Gracias a esta terapia, entendí que una cosa es lo que quieres, y otra bien distinta, lo que necesitas. Lo que quieres es el resultado de lo que has visto en casa cuando eras pequeño y lo que necesitas es la sanación de todos esos condicionamientos, conectarte contigo mismo, crear y ser feliz en el proceso.

Yo quería tener una familia propia, pero necesitaba sanar primero las heridas de mi familia original. Casualmente, el camino de mi propia sanación me llevó a ayudar a sanar a los demás. Cuando me titulé como coach y empecé a ayudar a las personas a evolucionar, todas mis experiencias, mi sufrimiento y mi vida cobraron un sentido distinto. Era como si, de repente, estuviese en el lugar adecuado y en el momento correcto.

Esta sensación tan agradable me sirvió para conectarme a la vida. Comencé a poner mi caos de vida y mis aprendizajes al servicio de los demás. De esta forma, me sentía más realizada y plena que nunca. Así aprendí que conectar con uno mismo brinda paz y conectarte a la vida te da un propósito.

Sí, es cierto, nunca soñé con tener la vida que tengo ahora. Quería ser esposa y madre a los veintisiete; ahora tengo treinta y uno y estoy escribiendo este libro. Pero todo, *absolutamente todo, ha merecido la pena y no puedo sentirme más agradecida a la vida y a mí misma por haber conseguido llegar hasta aquí.*

Es muy complicado eliminar las capas de condicionamiento interno y conectar con tu yo auténtico. Lleva tiempo, energía y mucha valentía embarcarte en ese camino. Pero la realidad es que solo cuando llevas a cabo ese trabajo encuentras tu propósito de vida. Ni en mis mejores sueños habría podido diseñar una vida más llena de sentido que la que tengo ahora. Aunque sigo soñando con tener mi propia familia, mi felicidad ya no depende de ello. Para liberarme de esa dependencia, solo me bastó con aceptar lo que había y sacarle el máximo provecho. Por eso doy gracias por lo que tengo, porque es exactamente lo que necesito.

Mi experiencia me ha enseñado que hay dos formas de interactuar con la vida y, por tanto, de estar en el mundo. Puedes ser victimista o responsable. Tú eliges qué quieres ser cada día al enfrentarte a lo que te acontece en la vida. Como explica el psicólogo Wayne Dyer: **«Mis circunstancias no me hacen ser el que soy, sino que tan solo revelan lo que he escogido ser».**

Cuando eres victimista percibes la vida como una experiencia injusta que debes aguantar. Eso hace que, cuando la vida te trae acontecimientos no deseados, te quejes y sufras resignadamente. Pero, al contrario de lo que piensas, la resignación no te libera del dolor, sino que te encadena a él. En silencio, sigues esperando tener una vida mejor en vez de aceptar la vida que sí tienes.

En mi caso, pasé varios años sintiendo mucha frustración por no estar en el punto en el que quería estar. Tenía veintiocho años, sin profesión definida y soltera. Lo único que hacía era juzgarme continuamente por estar sumida en tanta tristeza y decepción, pese a que en los demás ámbitos de mi vida era muy afortunada.

Sin embargo, cuando dejas de lado el victimismo y pasas a ser responsable, percibes la vida como una experiencia cambiante que unas veces trae felicidad, y otras, dolor. Cuando eres responsable, aceptas las injusticias que te trae la vida como parte inherente de ella y encuentras la manera de sentirte agradecido por lo bueno que sí te ha traído. Así, no esperas tener una vida mejor, aceptas la abundancia que hay en la que ya tienes, con sus altibajos, como parte natural de la existencia.

Imagina que la vida es un largo camino. El victimista planea una ruta con antelación, pero, a mitad de recorrido, se encuentra con un obstáculo que no ha previsto. Se para, se da cuenta de que no puede seguir con la ruta que había calculado y se lamenta. Al cabo de un rato, decide dar la vuelta y, mientras deshace el camino, cada vez que se acuerda del obstáculo, sufre y lo maldice, pero no hace nada al respecto.

El responsable también tiene una ruta planeada, pero cuando se encuentra con el obstáculo, se para, lo analiza y comprende que la naturaleza del obstáculo es inamovible, así que lo acepta y recalcula su camino. Es consciente de que no puede seguir con el itinerario que tenía en mente, así que decide crear uno diferente y seguir adelante.

En mi caso, mi frustración por no haber conseguido lo que quería en la vida se esfumó en el momento en el que me di cuenta de que quizá lo que quería no era lo que realmente necesitaba. De hecho, estoy convencida de que, si lo hubiese sido, ya lo habría construido. Todas mis amigas lo estaban haciendo; tenían lo que yo siempre había soñado, y yo, por alguna razón, no lo había hecho. También entendí que mi infancia había sido muy distinta a las suyas y que, quizá, tenía mucho que sanar antes de construir una familia. Fue entonces cuando, para sanarme, me hice responsable de mi vida y decidí formarme en *coaching*.

Ante cualquier dificultad, está en tu mano escoger ser victimista o responsable. No eres el causante de lo que te pasa en la vida, pero sí el responsable de cómo respondes ante ello.

LAS CUATRO CLAVES PARA VIVIR DE MANERA RESPONSABLE

Si te estás preguntando cómo puedes lograr ser responsable, es tan sencillo como tener presente estos cuatro principios.

Proactividad

Consiste en tener una actitud empoderada ante la vida. Te haces cargo únicamente de lo que puedes controlar y eres consciente de que depende de ti sentir que tu vida —con lo que tienes, ni más ni menos— es la mejor que puedes vivir.

Si debes adquirir nuevas herramientas para que sea más cómoda, las adquieres. Si debes hacer un cambio para estar más alineado con tu propósito, lo haces. Si debes dejar ir cosas o personas que no te aportan lo que necesitas, las dejas ir. Es cuestión de dar la bienvenida al cambio y a la evolución y de promover tú mismo el avance hacia distintas versiones de ti. Así lograrás llegar a tu yo auténtico, estar en paz y en línea con tu propósito.

En mi caso, mi proactividad comenzó en el momento en el que decidí formarme como *coach* para sanar mi condicionamiento interno. Me hice responsable de aquella tarea porque sabía que nadie podía hacerla por mí. Ni mi padre, ni mi hermana, ni mi pareja. Era algo que me debía a mí misma, y lo tenía que hacer cuanto antes para avanzar.

Aceptación

La aceptación está llena de matices y, para comprender qué significa, hay que distinguir claramente las diferencias entre aceptación, tolerancia y resignación.

Aceptar significa legitimar a alguien o algo por lo que es respetándolo y sin querer que cambie en absoluto. La **tolerancia,** sin embargo, implica entender que alguien o algo es diferente a ti o a lo que tu querías que fuese, pero, en el fondo, consideras que si cambiara sería mejor, así que intentas que lo haga. Por último, **resignación** quiere decir aceptar a alguien o algo por lo que es únicamente porque no puedes cambiarlo. Si pudieses cambiarlo, lo harías sin pensar.

Tanto en la tolerancia como en la resignación, experimentas sufrimiento por no obtener del otro o de la vida lo que esperabas. Sin embargo, en la aceptación sientes paz porque no esperas nada distinto de lo que ya tienes.

Aceptar la vida tal y como es significa no querer que cambie porque sabes que su esencia reside, precisamente, en el aprendizaje que conlleva. Ese aprendizaje viene de los buenos y los malos momentos que vivimos. Es imposible que en la vida exista el yin sin el yang, la abundancia sin la carencia. Para saber apreciar lo bueno que nos trae la vida, a veces es necesario experimentar lo malo primero.

Muchos crecemos con la idea de que obtendremos todo lo que soñamos, pero luego los vaivenes de la vida nos enseñan que solo podemos tener aquello que controlamos —es decir, un porcentaje minúsculo—. El resto son cosas sobre las que no tenemos ningún control, así que solo nos queda confiar en que sucedan.

En mi caso, acepté la vida que tenía en cuanto me acepté a mí misma y a mi condicionamiento. Pero, lejos de vivir en la resignación, me puse manos a la obra. Comencé a levantar capas de mi ser y a sanar heridas que habían estado boicoteándome toda mi vida. Hice todo lo que estaba en mi mano para tener una vida mejor, no para tener la vida que quería. Me trabajé para vivir la vida que estaba destinada a vivir con la mejor actitud imaginable y encontrar las herramientas necesarias para hacerle frente.

Gratitud

Muchas veces nos olvidamos de una verdad muy simple: que la vida es un regalo, no un derecho. La rutina, el estrés y las preocupaciones nos hacen perder de vista que cada día que tenemos la oportunidad de vivir es una oportunidad más para crecer.

Para mí, la evolución es la magia de la vida. El verdadero sentido de la existencia es evolucionar hacia nuestro yo auténtico. Una vez que nos conocemos, comprendemos y aprendemos a hacer las cosas a nuestra manera, cualquier vivencia se ve cargada de significado.

Cada día que pasa es una nueva oportunidad para llevarme bien con mi padre, para entender a mi pareja, para demostrarle a mi hijo que le quiero... Cada día es un auténtico regalo para conectarnos con nuestro yo auténtico y hacer las cosas desde ese lugar amoroso y cálido.

En mi caso, en el momento en el que decidí mirar adentro y quitar capas, mi vida comenzó a cobrar sentido. A medida que iba conociendo mis luces y mis sombras, empecé a cuestionarme por qué había estado haciendo y pensando ciertas cosas en vez de otras. Me di cuenta de que tenía alternativas que resonaban más con mi alma. Me di cuenta de que podía elegir ser feliz y sentir que tenía ese poder cargó mi vida de sentido.

Si yo —mis creencias, emociones y heridas— tenía sentido, mis acciones también lo tenían. Entonces, si tanto yo misma como mis acciones tenían sentido, todo lo que derivaba de mí, es decir, toda mi vida también tenía una razón de ser.

Gracias a esa certeza, hoy en día, agradezco cada experiencia vital, incluso las dolorosas, porque cada una de ellas me regala la oportunidad de conocerme más y, por tanto, de avanzar hacia versiones más auténticas de mí misma. Ser auténticamente yo da sentido a mi vida y poner mi autenticidad al servicio de los demás aporta un propósito a mi existencia.

Confianza

Estamos acostumbrados a controlar todo lo que hacemos durante nuestro día a día. Me despierto a una hora concreta, desayuno a otra y, a tal otra, voy al trabajo. Cojo el mismo tren, metro, autobús cada día o bien me quedo empantanado cada día en el mismo atasco para llegar cada mañana a la oficina. Escucho la misma lista de música, podcast o emisora en el trayecto. Cuando llego a casa, preparo lo que suelo cenar ese día de la semana. Hablo con mi pareja o con mi familia exactamente de los mismos temas que ayer. Quizá lo único diferente que ha sucedido es que mi madre se ha enfadado porque el domingo volví a perderme la comida familiar, pero no pasa nada, sé a la perfección lo que tengo que hacer para que se le pase y vuelva a estar contenta.

Sí, casi todo lo que hacemos lo hacemos con el piloto automático encendido. De manera inconsciente, tenemos calculada cada variable de cada situación potencial de nuestro día a día. Y, para cada casuística, tenemos una respuesta diseñada. Somos adictos al control porque nos da una increíble sensación de seguridad.

Pero, claro, a medida que la vida se abre paso te demuestra que, en realidad, no controlas nada de lo verdaderamente importante. De repente, un familiar se pone enfermo, te echan del trabajo, tu pareja rompe contigo, llega una pandemia mundial... y te das cuenta de que no tienes el mando de absolutamente nada de lo importante —o quizá es tan importante porque no puedes controlarlo.

El caso es que te ves en una situación en la que no hay variables calculadas ni respuestas automatizadas. Estás solo tú y el problema sin solución. ¿Qué pasa entonces? Aparece el estrés, la angustia, la impotencia, la frustración y toda una retahíla de emociones muy incómodas que amenazan con quedarse.

Pero, de pronto, te das cuenta de que, si dejas ir el control, te encuentras con la confianza y, ¡sorpresa!, la confianza tiene el superpoder de hacer que todas las emociones incómodas se esfumen.

Suena bien, ¿verdad? Aunque quizá te estás preguntando cómo diablos se dejar ir el control. Es sencillo, solo hay que aceptar que somos humanos, imperfectos y finitos. Llegamos solo hasta un cierto punto y, más allá de ese punto, ya no depende de nosotros que una situación se resuelva. No, no somos omnipotentes, aunque a veces lo parezcamos.

Así que, ¿qué podemos hacer, entonces? Solo confiar en que todo se resolverá para bien y, si no, ya nos haremos cargo del duelo. Confiar significa tener fe en que, pase lo que pase y se resuelva como se resuelva, lo hará de acuerdo con un bien superior. Es decir, bajo lo que está sucediendo siempre subyace un aprendizaje necesario para nuestra evolución que nos hará más grandes. Como decía Lao-Tse: «**La naturaleza nunca se apresura y, sin embargo, todo lo logra**».

Aprendí a conectar con la confianza pidiendo señales al universo. Aquello que para mí era imposible saber o resolver se lo pedía al universo.

Hace un par de años empecé a pensar en escribir este libro. Entonces solo sabía que quería contar algo, pero no sabía muy bien qué ni cómo. Tenía varias ideas y había comenzado dos versiones muy distintas de este libro. Me encontraba en una situación de mucha incertidumbre. Necesitaba confiar en mi instinto, pero me costaba mucho, así que decidí que sería el universo el que me dijese qué forma iba a tomar este libro.

Normalmente, cuando pedía señales, me llegaban al cabo de un par de semanas como máximo, pero ya habían pasado más de quince días y seguía sin recibir ninguna. Empezaba a perder la fe y a pensar «quizá es que el universo tampoco puede resolverme la cuestión». Hasta que un día, en medio de una discusión muy acalorada con mi pareja de entonces, miré hacia arriba y allí estaba. La señal que había pedido y que tanto necesitaba estaba frente a mí, dibujada en el azul del cielo.

Era una nube en forma de corazón y, como el sol estaba justo detrás, había millones de haces de luz a su alrededor. Aquello que decían de que las señales que manda el universo siempre son inequívocas era verdad. Fue tan increíble que se me saltaron las lágrimas. Por supuesto, mi pareja no entendía nada de lo que estaba pasando, pero no quise arruinar el momento y callé. Era la sensación más maravillosa que había sentido en mucho tiempo: la sensación de que el universo te apoya y está ahí para ti.

Aquel corazón blanco era igual que el corazón que me había tatuado en la mano izquierda después de la sesión con mi *coach*, aquel que representaba mi proceso de autoconocimiento y de amor verdadero hacia mí misma. Aquella nube hizo que lo viera claro: escribiría un libro para ayudaros a conoceros y amaros a vosotros mismos y explicaría cómo había logrado que aflorara, al fin, mi yo auténtico.

Precisamente por eso, porque nunca sabemos cuándo el universo nos va a mandar esa señal idónea que nos impulsa a actuar, te invito a que cierres los ojos y practiques esta meditación.

Meditación confianza

Se trata de una práctica que te ayudará a conectar con la confianza en ti mismo y en la vida como motor de la existencia y de la evolución.

Ahora que te sientes lleno de una sensación indescriptible de confianza en la vida y en todo lo que te puede deparar; ahora que te envuelve el abrazo cálido del amor hacia ti mismo, respira hondo, atesora ese sentimiento, saboréalo por un instante. Recuerda, la vida no te pasa a ti, tú le pasas a la vida y, créeme, si confías en ella, te allanará el camino siempre que sea necesario. Lo mejor de ti solo acaba de empezar.

AGRADECIMIENTOS

En primer lugar, quiero dar las gracias a mi familia, en especial a mis hermanas, Alejandra, Eugenia y Ana Cristina. Ellas han sido testigos de mis vivencias y de mi evolución y han sabido acompañarme en cada momento con amor incondicional. «Vuela, nosotras siempre vamos a estar aquí», me decían, y les tomé la palabra. Y aquí estoy. Así que gracias desde lo más hondo de mi corazón.

A mi madre. Gracias por enseñarme a mirarme con ojos de amor.

A mi padre, un gran ejemplo de constancia, trabajo duro y sacrificio. Siempre me ha dicho: «Haz aquello que te haga feliz, y sé la mejor». Gracias a eso, desde muy pequeña aprendí a perseguir mi felicidad.

A mi tía Chata. Gracias por haberme mostrado el camino de la fe, en mí y en la vida.

A José. No sé qué habría hecho sin ti estos meses mientras escribía, revivía, limpiaba... Gracias por ser mi mejor amigo, y por haberlo sido durante la etapa más importante de mi vida.

A Hugh, gracias por haber sido mi maestro y por nuestra historia.

A Almu y a Yessi, no sé qué habría hecho sin mis *life coaches* particulares. Ellas ven el fondo de mi ser, y eso no tiene precio.

A Isa, gracias por haber creído en mí desde el principio, por haber visto en mí lo que yo aún no era capaz de ver y por haberme ayudado a sacar a la luz lo que yo tenía que ofrecer al mundo.

A Charlie, a Alejandro y a Elena, por haberme acompañado y apoyado en el camino hasta llegar aquí.

A mis editoras, Ángeles y Laura, gracias por haber confiado en mí desde el primer día y por haberme dado la libertad para elegir lo que quería contarle al mundo y cómo quería hacerlo. Ha significado mucho para mí.

A la familia Entrerríos. Gracias por haberme regalado la oportunidad de escribir mi libro rodeada de belleza.

Gracias a todos los que de una manera u otra han formado parte de este libro y lo han hecho posible.

Y, por supuesto, gracias a ti por llegar hasta aquí, por recorrer estas páginas conmigo y por concederte el regalo de ser tú mismo.

BIBLIOGRAFÍA

Bernstein, Gabrielle, *El universo te cubre las espaldas,* Barcelona, El Grano de Mostaza, 2016.

Cabanillas, María José, *Ho'oponopono,* Madrid, Edaf, 2012.

Duhigg, Charles, *El poder de los hábitos,* Barcelona, Vergara, 2019.

Echevarría, Rafael, *Ontología del lenguaje,* Madrid, Katz Editores, 2011.

Goleman, Daniel, *Inteligencia emocional,* Barcelona, Kairós, 1996.

Guarnieri, Silvia, y Ortiz de Zárate, Miriam, *No es lo mismo,* Madrid, LID, 2010.

Hay, Louise, *Forgiveness/Loving the Inner Child,* Londres, Hay House, 2004.

Neff, Kristin, *Sé amable contigo mismo,* Barcelona, Paidós, 2016.

Paul, Margaret, *Inner Bonding,* San Francisco, HarperOne, 1992.

Pueblo, Yung, *Hacia dentro,* Urano, 2019.